어서오세요
파라솔처치입니다

어서오세요, 파라솔처치입니다

© 생명의말씀사 2023

2023년 7월 28일 1판 1쇄 발행

펴낸이 | 김창영
펴낸곳 | 생명의말씀사

등록 | 1962. 1. 10. No.300-1962-1
주소 | 서울시 종로구 경희궁1길 6 (03176)
전화 | 02)738-6555(본사) · 02)3159-7979(영업)
팩스 | 02)739-3824(본사) · 080-022-8585(영업)

지은이 | 장상태

기획편집 | 서정희, 김자윤, 김귀옥
디자인 | 최종혜
인쇄 | 영진문원
제본 | 다온바인텍

ISBN 978-89-04-16844-6 (03230)

저작권자의 허락 없이 이 책의 일부 또는 전체를
무단 복제, 전재, 발췌하면 저작권법에 의해 처벌을 받습니다.

어서오세요
파라솔처치입니다

장상태 지음

누구나 마음을
털어놓을 수 있는 곳

생명의말씀사

목차

들어가는 말 도심 속 소외되고 외로운 이들을 위한 고민 듣기 사역   06

1부 외로움이 밀려올 때: 나를 회복하시는 위로

저도 연애할 수 있을까요?   12
스마트한 그녀의 잠 못드는 시간들   18
내 인생을 잃어버렸습니다   25
내가 쓸모없는 인간 같아요   30
"하나님 나라에는 쓰레기통이 없다"   36

2부 불행한 일을 만날 때: 문제보다 크신 하나님

부자가 누구일까요?   46
한때는 잘나가는 액션배우였습니다만   55
너의 잘못이 아니란다   62
"평생 아픈 가족을 위해 살아왔다 해도"   72
그놈들이 내 땅을 가져갔어!   78
여기가 교회구나   83
딸이 영영 깨어나지 못하면 어떡하죠?   89
"어머니께 처음으로 고백하는 말"   94

3부 미래가 보이지 않을 때: 소망은 오직 하나님께 있다

내일을 장담할 수가 없어요	102
너무 미운 아빠	108
"여호와의 산에서 준비되리라"	114
거리에서 일한 지 15년째랍니다	120
나는 마포대교에 서 있었습니다	126
"저도 이 사역을 해 보고 싶습니다"	132
또 다른 파라솔: "이제 우리가 찾아나서야 합니다"	136

맺음말 선교하기 좋은 때가 있을까요? 144

부록 파라솔처치의 고민 듣기 사역에 대한 Q&A 149

들어가는 말

도심 속 소외되고 외로운 이들을 위한 고민 듣기 사역

    성경에서 복음이 증거된 장소들을 보면 대부분 대도시였음을 알 수 있습니다. 가나안뿐만 아니라 니느웨, 소돔과 고모라, 예루살렘, 고린도, 에베소, 로마 등이 그 예입니다. 그리고 당시에도 도시는 세속적인 문화와 다양한 우상들이 사람들을 지배했습니다. 그런 그들에게 복음은 어떤 내용으로 전파되었을까요? 그 시대 문화에 대한 깊은 이해를 통해서였습니다. 지금도 다르지 않습니다. 이 시대를 한마디로 진단한다면 무한 경쟁 시대라고 할 수 있습니다. 탐욕과 성공에 대한 브레이크 없는 질주 같은 삶이죠. 사람들은 부와 재물, 안락한 삶, 세속적 성공과 권력을 향해 달려갑니다. 그런 삶이 행복이라고 생각합니다. 그러다 보니 주변을 살필 겨를이 없고 가족, 이웃, 심지어 자기 자신을 돌아볼 여유도 없이 삶을 혹사합니다.

도시는 날로 발전해 가며 많은 혜택을 주지만 가려진 그늘도 적지 않습니다. 사람들의 틈바구니에는 남몰래 고독과 소외로 고통받는 이들이 있습니다. 길거리에 많은 사람이 지나다니지만 정작 마음을 나눌 친구가 없어 상담소를 찾는 이들이 늘어갑니다.

"고민을 듣습니다" 사역은 도심 속 소외되고 외로운 이들을 향한 걸음이었습니다. 고독에 몸부림치다 스스로 삶을 등지기까지 하는 이들에게 하나님의 사랑을 드러내고자 하는 시도였습니다.

매주 토요일마다 나가서 고민 듣기를 시작했습니다. 놀랍게도, 생각보다 훨씬 더 많은 사람들이 찾아왔습니다. 한 사람이 보통 두 시간 정도 자신의 이야기를 하는데 두세 명이면 거의 하루가 지나갑니다. 그만큼 삶의 깊은 골짜기와 굴곡진 길을 걸어온 이들이었기 때문입니다. 어떤 사람은 두 번, 세 번 방문하기도 하고, 제 역량으로 상담이 어려운 경우는 다른 교회로 안내하기도 했습니다. 신뢰가 생겨 도움을 요청하는 이들에게는 기도와 말씀으로 다가갔습니다. 삶의 벼랑 끝에 몰린 그들이 말씀을 듣고 기도를 받는 모습은 너무나 간절하고 진실했습니다.

이 책은 그들의 이야기를 구체적인 정보들을 바꾸어 재구성한 것입니다.

이제 도시는 선교지입니다. 그동안 선교를 해외나 외지에 나가서 하는 것으로 생각했다면, 이제는 내가 사는 도시 역시 선교지라는 생각으로 접근해야 할 것입니다. 우리는 그리스도인으로서 이 시대의 병폐를 지적하고, 사람이 떡으로만 살 것이 아니라 가치를 추구하는 삶을 살아야 한다는 사실을 끊임없이 전달해야 합니다. 그리고 그 가치의 정점은 하나님의 말씀임을, 이 말씀이 세상에서 어떻게 대안과 치료가 되는지를 전달해야 합니다.

한국 교회가 내리막이 된 지 20여 년이 되었습니다. 인구 절벽과 함께 기독교 인구도 점점 줄고 있습니다. 그러나 절망할 필요는 없습니다. 복음의 본질을 회복하면 되니까요. 오랜 시간이 걸리고 당장 교회로 전도되지 않는다 하더라도, 사랑의 수고를 감당한다면 도심 곳곳에 예수 그리스도 그 복음의 능력이 나타날 것이라고 믿습니다.

1부

외로움이 밀려올 때

나를 회복하시는 위로

저도 연애할 수 있을까요?

"여기가 고민을 들어 주는 곳인가요?"
어느 봄날, 조심스럽게 한 남성분이 들어오셨습니다.
"아 네, 맞아요. 들어와서 편하게 이야기하세요."
"여자를 좀 만나고 싶은데요."

40대 초반의 그는 결혼을 꿈꾸고 있었습니다. 길을 가다 연인을 보거나 아이 손을 잡고 다니는 아빠를 만나면 그렇게 부러울 수가 없다고 합니다.

"제가 장애가 있긴 해도 사는 데는 크게 무리가 없거든요. 직장 생활도 잘하고 있고요."

그는 어릴 때 소아마비를 앓고 난 뒤, 3등급의 장애를 가지고 살아가고 있었습니다. 자세히 보니 오른쪽 팔다리가 조금 짧고

작았습니다. 그래도 간단한 일을 하기에는 전혀 무리가 없었기 때문에 결혼을 해도 가족을 잘 챙길 자신이 있었습니다.

"오래전에 결혼할 뻔한 여자가 있었어요. 그 사람도 저처럼 몸이 불편했는데 부모님이 반대하시는 바람에 헤어졌죠. 제가 정말 많이 좋아했던 사람이라 아직도 많이 생각나요."

그의 목소리를 따라 그리움과 아쉬움이 전해져 왔습니다.

"빨리 결혼하고 싶은데 잘 안돼서 너무 속상해요. 목사님은 결혼하셨어요?"

저는 도움이 될까 싶어 저의 연애 및 결혼 과정을 자세히 말해 주기 시작했습니다. 여성을 만나기 전에 마음의 준비를 하는 데서부터 만날 때의 태도와 매너, 결혼을 준비하며 겪게 될 갈등이나 풀어야 할 과제 등 상식적인 수준의 내용들이었습니다. 그는 오랜 시간 경청하며 제 얘기를 듣더니 고맙다는 인사를 남기고 떠났습니다. 저도 반가웠다며 배웅했습니다.

어느덧 어둠이 내려앉고 상담을 마무리할 시간이 되었습니다. 작은 수레에 파라솔처치의 짐을 옮기고 짐을 맡아 주는 근처 교회로 가려던 순간, 귀에 익은 목소리가 들려왔습니다.

"목사님, 여기 커피 좀 드시겠어요? 감사해서 그냥 갈 수가 없었어요."

낮에 만났던 그였습니다. 언제부터 거기 있었는지 손에 들고 있던 아메리카노 한 잔을 제게 건넸습니다. 500m 정도 거리에 있는 교회까지 함께 짐을 끌어주고, 마침 집도 같은 방향이어서 우리는 함께 전철을 타고 가며 이런저런 이야기를 더 나눌 수 있었습니다.

그와의 만남은 그 뒤로도 3개월가량 더 이어졌습니다. 연애상담은 아무래도 한두 번 이상은 한계가 있기 때문에, 자연스럽게 하나님에 관한 이야기를 들려주기 시작했습니다. 함께 짐을 옮긴 후, 교회 세미나실에서 성경공부도 하게 되었습니다. 교회를 전혀 나가 본 적이 없던 그가 곧잘 기도를 따라 하고 하나님에 대해 고백하는 모습은 큰 감동이었습니다.

얼마 후 그는 자신의 집 근처 교회에 출석하게 되었습니다. 다행히 교회 권사님이 따뜻한 손길로 챙겨주셔서 잘 적응해 갔습니다. 저를 찾아와 권사님이 가끔 반찬도 해다 주신다며 상기된 목소리로 자랑하는 그를 보며 하나님께 참 감사했습니다.

●

제자들이 물어 이르되 랍비여 이 사람이 맹인으로 난 것이 누구의
죄로 인함이니이까 자기니이까 그의 부모니이까
예수께서 대답하시되 이 사람이나 그 부모의 죄로 인한 것이 아니라
그에게서 하나님이 하시는 일을 나타내고자 하심이라(요 9:2-3).

우리는 삶이 외롭고 불행하다고 느낄 때 원인을 찾습니다. 갑작스러운 사고나 질병 혹은 자신의 의지와 전혀 상관없이 일어난 일에는 더욱 그렇습니다. 어떤 사람들은 불행을 종교적으로 해석하며, 전생의 잘못으로 이생에 불행한 일을 당한다고 결론 내리기도 합니다.

그러나 성경은 불행의 원인을 과거에서 찾는 데에만 집중하지 않습니다. 성경은 미래지향적입니다. 현재 우리가 겪는 고통을 하나님이 어떻게 보시며 다루어 가실지에 집중합니다. 성경에서 예수님은 고통과 불행이 우리를 향한 하나님의 계획을 이루는 데 사용된다고 말씀하십니다.

태어날 때부터, 혹은 갑작스러운 불의의 사고로 장애를 가진 사람들은 그로 인해 이 땅에서 결혼해서 가정을 꾸리는 등의 평범한 삶을 누리지 못하고 수많은 불이익을 당합니다. 세상의 기

준으로 보면 밝은 미래를 생각할 수 없는 삶일지 모릅니다. 그러나 하나님은 어떤 삶을 통해서든지 하나님의 영광과 능력을 드러내십니다. 설령 세상의 부모는 장애를 가진 자식을 부끄러워할지라도, 하나님은 자신의 영광을 위해 그들을 아름답게 사용하십니다. 우리는 그저 그 하나님을 의지하고 철저히 신뢰하기만 하면 되는 것입니다.

하나님을 신뢰하며 그분이 이 모든 일을 통해서 영광 받으신다는 사실을 분명히 고백하면 하나님은 우리를 통해서 놀라운 일을 행하십니다.

앞서 장애를 가지고 있던 그에게 결혼은 행복을 결정짓는 기준이었습니다. 혼자가 외롭고 가정을 꾸린 다른 사람들이 부러웠습니다. 그러나 만약 그가 믿음으로 하나님을 바라볼 수 있다면 하나님은 결혼보다 훨씬 더 중요한 가치를 그 문제를 통해 깨닫게 하실 것입니다.

실제로 그의 결혼은 늦어졌지만, 하나님은 그 문제를 통해 믿음의 사람들을 허락하셨고, 교회 안에서 위로와 안식을 경험하게 해 주셨습니다. 물론 그를 향한 하나님의 계획은 거기서 그치지 않을 것입니다. 그가 하나님 안에 거한다면 하나님은 그의 불편한 삶을 더 아프고, 더 외로운 사람들을 위한 축복의 통로로 놀랍게 확장해 가실 것입니다.

하나님은 인생의 결핍을 통해서 우리의 눈을 세상이 아니라 하늘에 두게 하십니다. 때문에 하나님을 만난 인생은 그의 시선도 달라질 수밖에 없습니다. 세상에서 누리고 싶은 행복에만 집중하던 시선에서 천국의 삶을 바라보게 됩니다. 우리의 결핍만 보던 원망의 시선이 우리가 가진 많은 것들을 볼 수 있는 감사의 시선으로 바뀌게 됩니다.

결혼의 행복을 꿈꾸던 그의 시선이 하나님이 주신 다른 행복들까지 보게 된 것은 참으로 감사한 일입니다. 언젠가 그를 다시 만나게 된다면 달라진 시선으로 더 큰 기쁨을 누리고 있는 모습을 보고 싶습니다.

스마트한 그녀의 잠 못 드는 시간들

"어디서 나오셨어요? 혹시, 고민 상담을 해 주시나요?"

세련된 옷차림의 한 여성이 조금 거리를 두고 서서 조심스럽게 물었습니다. 저의 개인 정보가 담긴 명함을 받고 유심히 살펴보고 나서야 그녀는 자신의 이야기를 들려주기로 했습니다.

그녀는 외국계 회사에 근무하며 능력을 인정받는 스마트하고 지적인 여성이었습니다. 결혼이 늦어져 어느덧 마흔을 바라보는 나이가 됐지만, 누구보다 자신의 일을 사랑하고 열정적으로 살아 온 삶이었습니다. 그러나 남들이 부러워할 만한 환경을 갖춘 그녀에게도 말 못할 고민이 있었습니다. 밤마다 수면제에 의존해야 할만큼 오래도록 불면증을 앓아 온 것이었습니다. 심신이 지쳐 보이는 그분께 조심스레 질문을 시작했습니다.

"언제부터 불면증을 겪으신 거예요?"

"회사 일로 스트레스가 심해질 때부터인 것 같아요. 처리할 일은 점점 많아져서 버겁고, 거의 매일을 야근하다시피 일에 치여 살다 보니 언제부턴가 잠이 안 오더라고요. 회사 사람들과의 관계도 어렵고요. 그래서 요즘은 일을 좀 쉴까 하는 생각도 하고 있어요."

헬스와 산책도 병행하고 있지만 별로 도움이 되지 않는 듯했습니다. 문득 그녀의 사회적 관계가 궁금해졌습니다.

"마음 놓고 편안하게 내 얘기를 할 만한 친구들이나 친한 사람들이 주변에 있나요?"

그녀는 선뜻 대답하지 못했습니다.

"요즘은 결혼한 친구들이 대부분이어서 만나면 대화 주제가 다르고요. 그러다 보니 거리감이 좀 느껴지더라고요. 남편, 시댁, 육아 얘기가 대부분이라 끼지도 못하겠고 점점 안 만나게 돼요. 저도 뭐, 일이 바쁘니까 누구랑 깊은 대화를 나눌 여유도 없고요."

대화를 더 진행하면서, 그녀의 사회적 관계가 점점 좁아지고 있음을 알게 되었습니다. 최근 그녀에겐 회사와 집에서의 삶이 거의 전부였습니다. 친구들과의 저녁 식사나 여가 활동이 줄어

들자 점점 더 일 속으로 깊이 들어가는 것이었습니다. 친밀한 관계가 단절되다 보니 자연스럽게 일에 대한 집착으로 이어지는 듯했습니다.

"그분들과는 오래된 사이였나 보네요."

저는 대화의 초점을 그녀의 오래전 친구들과의 좋은 추억에 맞추었습니다. 즐거운 기억들을 떠올리자 그녀의 얼굴도 그때로 다시 돌아간 듯 편안해 보였습니다. 저는 그녀에게 친밀한 관계의 중요성에 대해 말해 주었습니다.

"친밀한 관계에서 오는 지지와 안정감은 사실 엄청난 회복의 힘이 있어요."

그녀도 많은 부분을 동의했습니다. 자신에게 안정감을 주는 관계가 결여돼 있음을 깨닫게 된 것입니다. 저는 조심스럽게 교회가 그러한 관계를 맺도록 도움을 줄 수 있다고 말했습니다.

"교회 안에는 또래 모임이란 것이 있어요. 비슷한 나이와 환경의 사람들이 함께 하며 삶을 나누고, 고민을 들어 주고, 서로 기도하면서 문제 해결에 도움을 주기도 하죠. 또 담당 목사님이 멘토가 되어 상담을 해 주기도 하고요. 세상에서는 잘 느낄 수 없는 친밀감과 마음의 평안을 느낄 수 있을 거예요."

"그래요? 교회를 다녀본 적이 없어서 그게 어떤 건지 궁금하긴 하네요."

저는 그녀의 동의를 얻은 후 친분이 있는 목사에게 연락을 취했습니다. 미혼 여성 모임이 잘 형성돼 있는 교회였기 때문에 그녀에게도 많은 도움이 될 것 같았습니다.

며칠 후 그녀는 그 교회 또래 자매와 연결되었고, 그 자매를 통해 교회에도 조금씩 나가기 시작했습니다. 교회에서 알게 된 또래 자매 역시 오랫동안 전문직에 종사해 왔기 때문에 그녀의 고충을 누구보다 잘 알고 있었습니다.

몇 주 후, 어느새 가까워진 두 여성이 함께 파라솔을 방문했습니다. 얼마나 감사했는지 모릅니다. 길거리 낯선 목사와의 상담에서 마음을 열게 해 주신 하나님께 감사했고, 교회의 또래 자매가 적극적으로 도와준 것도 정말 감사했습니다. 모든 상황 속에서 준비하시고 역사하시는 하나님의 섭리를 경험하는 값진 시간이었습니다.

현대문화비평가이자 『피로사회』의 저자 한병철 씨는 "같은 것의 폭력"이라는 개념을 설명합니다. 암묵적으로 누구나 동의하고 따르는 기준을 말하는데, 이는 사회적 행복에 대한 보이지 않는 기준을 의미합니다.

예를 들면, 대학을 나오고 집과 자동차를 가지고 있어야 사회적인 활동 기준에 맞다고 생각하는 것입니다. 이같은 기준에 들기 위해서 사람들은 열심히 살아갑니다. 사회가 정한 기준에 들지 않으면 마치 도태되고 무능한 사람으로 취급받을까 봐 자신을 끊임없이 채찍질합니다.

그런데 '같은 것'의 기준은 계속해서 올라갑니다. 더 높은 곳에 있는 사람들과 같이 되기 위해 애를 쓰는 과정에서 사람들은 자신을 소진시킵니다.

그러나 모든 목표를 항상 달성할 수는 없는 법입니다. 언젠가는 달리던 기차도 멈춰야 하는 때가 오고, 성능이 좋은 차도 수리를 받아야 하는 때가 옵니다. 사람들은 인생의 막다른 길을 마주하는 순간 비로소 뒤를 돌아봅니다. 삶의 의미를 생각해 보고 무엇이 가장 중요한 가치인지에 대해 진지하게 고민하게 됩니다.

●

전도자가 이르되 헛되고 헛되며 헛되고 헛되니

모든 것이 헛되도다(전 1:2).

일찍이 솔로몬은 왕으로서, 세상의 모든 명성과 권력과 부를 다 누리고도 하나님 앞에서 인생이 헛되다고 고백했습니다. 전도서는 인생의 끝을 미리 내다보며 우리에게 이야기하고 있습니다. 세상의 모든 목표는 이룰 수 없는 신화와 같은 것이라고 말입니다.

현대 사회는 무한 경쟁 시대에 놓여 있습니다. 만족함 없이 더 좋은 학교와 더 좋은 직장, 더 좋은 환경을 목표로 달려가느라 자신의 몸과 마음이 어느새 고장 나 있다는 사실조차 깨닫지 못합니다. 인간의 끝없는 목표와 달성의 반복은 알베르 카뮈(Albert Camus)의 말처럼 "시지프스의 형벌"과 같습니다. 다시 굴러떨어질 바위를 계속 밀어 올리는 것처럼 무의미한 행동을 반복하는 것 말입니다.

솔로몬도 이런 허무한 삶에 대해서 한탄했습니다. 그렇다면 참된 만족은 어디에서 오는 것일까요? 아니 만족이란 것이 세상에 있기는 한 걸까요?

인간이 행복하고 만족을 누릴 수 있는 답은, 인간을 만드신 창조주 하나님께 있습니다. 우리를 만드셨기에 우리가 어떻게 해야 행복한지도 하나님은 알고 계십니다. 하나님이 주시는 만족이란 어떤 환경과 현실 속에서도 감사하고 자족하는 마음을 말합니다. 비록 하루치밖에 안 되는 일용할 양식이라도 하나님께 깊이 감사하고 이웃에게 나눌 수 있는 마음만 있다면 초가집에 살아도 참된 행복이 가능합니다.

하찮은 일이라도 소명으로 알고 주를 섬기듯 최선의 노력을 다하는 성실함, 나의 한계를 인정하고 나보다 뛰어난 사람에게 칭찬을 아끼지 않는 겸손함, 이런 인생의 만족은 오직 하나님 안에서만 가능합니다.

불면증에 시달리던 그녀가 이 진리를 좀 더 일찍 알았다면, 회사에서의 실적에 불안해하지 않고 주어진 일상에 좀 더 감사하며 살 수 있지 않았을까 생각해 봅니다. 지금이라도 그것을 알게 되어 참 다행입니다.

내 인생을 잃어버렸습니다

"여기 점 보는 곳이에요?"

예상치 못한 질문에 웃음이 터졌습니다.

"점은 못 보지만 얘기는 잘 들어 드려요. 여기는 고민을 들어주는 곳이거든요."

50대 여성분이 제 웃는 얼굴에 안심이 됐는지 자리를 잡고 앉으셨습니다.

"요즘 제가 공부를 하고 있는데, 처음이라 그런지 재밌어요. 근데 또 공부하다 보니 이때까지 살아온 내 삶이 너무 억울한 거예요. 나는 왜 남들 다 하는 공부를 이제야 한 걸까 하고요. 이 억울한 마음을 누구한테 좀 말하고 싶어서 왔어요."

그녀는 자신의 삶이 오직 부모님을 위해서 평생을 바친 인생이라고 표현했습니다.

"중학교를 다니다 중간에 그만두고 일을 시작했어요. 형편이 어려우니까 부모님이 공부보다는 일찍 일을 했으면 좋겠다고 하셨거든요. 남들은 학교 갈 시간에 저는 남의 집에 가서 가정부처럼 일하고 공장 다니고, 그렇게 부모님이 시키는 일만 했어요. 그러다 보니 공부도 못하고 친구도 못 사귀고 이렇게 나이만 들어 버렸네요."

결혼 적령기가 됐지만 누군가를 좋아해도 집에 데려오거나 소개시킬 생각을 할 수 없었습니다. 부모님도 그녀의 결혼엔 그다지 관심을 보이지 않았습니다.

"저는 이렇게 가족도 없이 혼자예요. 지금도 애들 손 잡고 가는 엄마들이 그렇게 부러울 수가 없어요. 같이 전철 타는 것도 부럽고 마트에서 장 보는 모습도 부럽고요. 남편도, 자식도 없는 내 인생이 너무 불쌍하고 억울해서 견딜 수가 없어요. 부모 때문에 내 인생을 잃어버렸어요."

부모님이 자신을 착취했고 인생을 허비했다는 생각이 들었을 때는 이미 나이가 많이 들어 버린 후였습니다. 부모에 대한 원망으로 집을 나온 그녀는 식당에서 일하고 먹고 자면서 조금씩 돈을 모으기 시작했고, 지금은 작은 원룸에서 생활하고 있다고 합니다. 이제야 자유를 누리게 된 것 같아 그동안 한이었던 공부도 시작했습니다. 검정고시를 패스한 후 방송통신대학교에 다니면서 공부에 재미를 느꼈고, 앞으로 하고 싶은 일도 생겼습니다.

자신만의 시간을 거의 쉰 살이 되어서야 가지게 되었다니 놀랍고도 안타까웠습니다.

"이런 얘기 처음 해 보는데, 털어놓고 나니 맘이 한결 편하네요. 고마워요, 내 얘기 들어줘서."

"고민을 듣습니다"라는 현수막의 문구를 보고 찾아오는 사람들은 저마다 특별한 사연을 갖고 있습니다. 평범한 일상을 산다는 것이 오히려 이상하게 느껴질 정도로 기구한 삶을 가진 사람들도 있습니다. 오십 평생 부모를 위해 삶을 착취당한 그녀의 사연도 제 귀를 의심할 만큼 이해가 안 되는 일이었습니다. 부모가 자식을 공부시키고 취업과 결혼까지 살피며 성공하도록 피땀 흘리는 것이 상식인데, 그 상식을 뛰어넘는 일들이 이 땅에 얼마나 많은지 모르겠습니다.

> 너는 청년의 때에 너의 창조주를 기억하라
> 곧 곤고한 날이 이르기 전에, 나는 아무 낙이 없다고 할 해들이
> 가깝기 전에 해와 빛과 달과 별들이 어둡기 전에,
> 비 뒤에 구름이 다시 일어나기 전에 그리하라(전 12:1-2).

시편에는 인생에 대한 저주와 원망의 내용들이 많습니다. 심지어 자신의 출생을 저주하는 신앙인들의 절규까지 기록되어 있습니다. 그러나 그들은 절규의 끝에서 하나님을 찾습니다. 그분께만 소망을 두고 하나님을 향해 필사적으로 나아갑니다. 왜 일까요?

하나님은 인생으로서 겪지 말아야 할 어떤 억울한 일을 당했을지라도 위로하실 수 있기 때문입니다. 하나님의 위로는 사람의 위로와 차원이 다릅니다. 원망과 저주를 걷어내며 나를 회복시키는 위로입니다. 원망과 저주는 나를 병들게 하지만 하나님의 위로는 나를 치유하며 온전히 회복시킵니다. 저에게도 하나님은 그런 분이었습니다.

고통스러운 문제로 찾아오는 이들의 이야기를 듣다 보면 저 또한 동일한 절망 속으로 빠져들 때가 있습니다. 이야기 속에서

길을 찾지 못하고, 부모 잃은 아이처럼 함께 주저앉을 수밖에 없는 심정이 될 때도 있습니다. 그들에게 위로가 과연 의미가 있을까? 하는 생각이 들기도 합니다. 그러나 곧 동일한 절망 속에 허우적대다 쓰러졌던 과거의 저를 보게 됩니다. 하나님의 위로와 깊은 만지심이 아니었다면 '소망'이라는 단어를 생각조차 할 수 없던 시기의 저를 떠올립니다. 그런 저에게 하나님이 찾아오셔서 회복시키셨습니다.

그 하나님이 오늘 고민을 털어놓은 자의 하나님이시라는 것을 기억하는 일은 너무나 중요합니다. 그것은 그가 어떠한 고통을 겪고 있을지라도 하나님이 도우실 수 있다는 확신을 주기 때문입니다.

나의 참된 위로자 되시는 창조주 하나님을 기억하는 일, 그것은 절망의 바다에서 허우적대는 인생들에게 생명의 닻과 같습니다.

내가 쓸모없는 인간 같아요

"여기 이거 먹어도 돼요?"

40대 중반으로 보이는 남자가 갑자기 파라솔 의자에 털썩 앉더니 테이블 위에 놓인 음료를 가리키며 말했습니다. 목이 말랐던지 그는 오렌지 주스를 단숨에 들이켰습니다.

"제가 약간 정신 장애가 있어요."

파라솔 안으로 들어올 때부터 행동이 남달라서 어느 정도 예상을 하긴 했습니다. 그래도 스스로 자각할 정도라면 어느 정도 대화는 가능하겠다 싶어 먼저 제 소개를 했습니다.

"요즘 자살하는 사람들도 많고요. 마음의 병으로 고생하는 분들이 많아서 돕고 싶어 나왔어요. 삶의 고민을 들어 주고 조금이나마 위로해 드리면 좀 나아지지 않을까 해서요."

"저도 자살을 한 번 시도해 본 적 있어요."

"아… 네! 그러셨군요. 얼마나 많이 힘들고 고통스러우셨으면 그러셨을까요……."

"법대 졸업하고 고시 공부만 15년 했는데 시험에 자꾸 떨어지니 살기 싫더라고요. 내가 쓸모없는 인간 같고……."

그에게는 위로 형이 있었는데 부모님은 어릴 때부터 형과 그를 비교했다고 합니다. 형은 공부도 잘하고 공무원으로 성공했는데, 자신은 고시원에 살며 계속 낙방만 하니 부모님의 쓴소리가 이어졌습니다. 계속된 시험 스트레스 때문에 탈모까지 생겼습니다.

열다섯 번째 시험에 떨어지자 급기야 삶을 향한 그의 의지는 바닥을 치기 시작했습니다. 그러다 극단적인 선택까지 하게 된 것입니다.

"농약 한 병을 거의 다 마셨어요. 몸이 타들어 가는 거 같더라고요. 그때 그냥 죽어 버렸어야 하는데 또 이렇게 살아서… 지금도 그 후유증으로 몸이 많이 힘든 상태예요."

인근의 지하 단칸방에 혼자 살고 있는 그는 지금도 부모님과 사이가 좋지 않습니다. 부모뿐만 아니라 사회에 대한 원망과 분노도 많았습니다. 가끔 밖에 나가 정처 없이 걸으면서 자신의 인생을 망가뜨린 사회와 국가에 욕을 해대곤 합니다. 사회에 대한 분노가 곧 터져 버릴 듯한 시한폭탄 같았습니다. 분노로 가득 찬 그의 이야기를 들으며 어느 순간, 거리에서 무차별 폭력을 행사하거나 기물을 파손할 수도 있겠다는 불길한 생각까지 스쳤습니다.

그에게도 분명 의욕에 불타던 청년 시절이 있었을 겁니다. 고시에 떨어져도 다시 힘을 내어 시험을 보게 한 희망이 있었을 것입니다. 그러나 어느 순간 그 의욕이, 희망이 점점 꺾이고 희미해지다 결국 사라졌습니다. 그럴 때 누군가 곁에 있어 줬다면 얼마나 좋았을까요? 누군가의 격려와 지지, 사랑이 있었다면 무너지지 않았을 소중한 한 사람의 인생이었습니다.

이야기를 시작한 지 40분쯤 지났을까… 그가 갑자기 파라솔 밖으로 뛰쳐나갔습니다. 재빨리 뒤쫓아나가며 인사를 했더니 그분은 머쓱하게 뒤를 돌아보고는 다시 걸음을 재촉하네요. 그러다 몇 분 후 그가 다시 파라솔 안으로 들어왔습니다.

"내 얘기 들어줘서 고마워요."

그가 테이블 위에 요구르트 10개가 들어 있는 비닐 봉투를 내려놓고는 또 급하게 뛰어나갔습니다. 며칠에 한 번씩 밥을 먹는다는 그가 무슨 돈이 있었을까요. 그의 처지를 생각하니 여러 감정이 밀려왔습니다.

많은 사람이 오가는 도심을 하루종일 걷지만, 그에게는 말동무가 되어주는 사람도, 자신의 아픈 사연을 나눌 어떤 사람도 없었습니다.

도시는 누군가에겐 화려하고 멋진 곳이지만 또 누군가에겐 그래서 더 슬픈 공간이 되기도 합니다. 마음이 아픈 이들에게 도시의 화려함은 그저 자신과 상관없는 광고 이미지에 불과하니까요. 그 이미지가 분노의 대상으로 바뀌는 순간, 누구든 억눌린 감정에 대한 공격의 대상이 될 수 있겠다는 것을, 그를 통해 알게 되었습니다. 한편으로는 내 고민을 들어 주는 사람이 있다는 사실만으로도 누군가에게 희망이 될 수도 있다는 것을요. 거대한 사막의 오아시스를 본 듯한 기쁨일 수도 있겠다고 말입니다.

●

그의 이름은 임마누엘이라 하리라 하셨으니

이를 번역한즉 하나님이 우리와

함께 계시다 함이라(마 1:23).

누구나 언젠가 고독과 씨름해야 할 때가 옵니다. 15년째 고시 준비생이었던 그처럼, 최선을 다했지만 뜻대로 되지 않을 때가 있습니다. 그로 인한 상실감과 실패감은 홀로 온몸으로 마주해야 하죠.

그때 만약 하나님을 믿고 있다면 우리의 상황은 어떻게 달라질까요? 고시에 스무 번 실패했더라도, 언제 어디서나 함께 하시는 임마누엘의 하나님을 따르고 있었다면 극단적인 선택까지는 하지 않았을 것입니다. 교회 안의 많은 형제 자매들, 사역자들과의 교제를 통한 위로와 평안이 있었다면 비록 좌절했더라도 한 번쯤은 다시 일어날 시도를 해 보지 않았을까요?

복음은 언제든 찾아올 수 있는, 수많은 실패로 인한 좌절과 절망을 이기도록 도와주는 능력입니다. 우리 역시 복음을 몰랐다면 인생의 벼랑 끝에서 극심한 좌절과 분노로 자신이나 남에게 수없이 상처를 주고 있을 것입니다.

복음이 주는 것은 단지 영혼 구원만이 아닙니다. 지금 이 시간에 닥치는 수많은 절망적인 사건과 사고 앞에서 다시 하나님을 바라보고 소망을 가질 수 있는 위로와 능력을 공급해 줍니다. 오늘도 그 능력이 우리를 통해 더 많은 이들에게 공급되기를 기도합니다.

하나님 나라에는 쓰레기통이 없다

　제가 기억하는 어린 시절의 상당 부분은 가정의 불화였습니다. 부모님은 자주 다투셨고 때로는 폭력이 오가기도 했습니다. 오랜 다툼과 불화 속에서 어느 날 어머니는 집을 나갈 생각을 하셨습니다. 보따리를 한 짐 싸서 보이지 않게 장롱 안에 두고 무엇인가 깊이 생각에 잠겨 계신 모습을 자주 보게 되었습니다. 아마도 집을 나가고 싶어도 일곱 살 막둥이였던 저를 두고 가기가 마음에 가시처럼 걸리셨겠죠.

　어머니의 팔베개를 하고 누운 따사로운 어느 봄날, 어머니는 깊은 한숨과 함께 저에게 평생 후회할 말씀을 하셨습니다.

"내가 왜 널 낳았는지 모르겠다."

아직도 귓가에 생생하게 남아 있을 정도로 그 말은 제 마음에 깊숙이 박혔습니다.

'내가 잘못 태어나서 어머니에게 큰 짐이 되었구나.'

저는 등을 돌려 누우며 훌쩍였습니다. 어린 나이에 왜 그 말이 이해가 되었을까요? 이해하지 못했더라면 상처로 남지도 않았을 텐데 말입니다. 많은 시간이 흐른 후 어머니는 그날 하신 말에 대해서 자주 후회하셨습니다.

"그때 내가 왜 그런 말을 했는지 모르겠다. 어린 너에게 할 말이 아니었는데……."

그 말이 오랜 시간 제게 상처로 남았지만, 저도 나이가 들면서 삶의 어려움을 만날 때면 어머니가 하신 말씀이 조금은 이해되었습니다.

그 시절 어머니는 아버지의 폭언과 폭력에 시달리셨습니다. 심하게 맞는 모습도 자주 보았습니다. 어머니가 맞는 소리를 들으면 오늘 혹시 어머니가 돌아가실지도 모른다는 공포감에 휩싸이곤 했습니다. 초등학교 무렵, 교회를 다니기 시작하면서 저는 집안에 싸움이 나면 늘 창가에 서서 간절히 기도했습니다.

"하나님, 이 싸움을 멈춰 주세요. 제발 우리 엄마 죽지 않게 하나님이 지켜주세요."

그런 날들이 지속되면서 어머니는 가출을 시작하셨습니다. 일주일 정도 연락이 두절된 채 들어오지 않으시는 경우도 많았습니다.

어린 시절에 겪은 가정불화는 제 마음에 큰 불안과 공포를 남겼습니다. 방에 있는 형광등이 나에게 떨어질까 두려워서 형광등을 피해 누웠고, 구석에 세워 둔 옷걸이가 나를 향해 넘어질까 무서워 벽에 못을 박고 줄로 옷걸이를 묶어 두기도 했습니다. 밤에 서너 번 깨는 일은 일상이었습니다.

무기력증과 함께 대인관계에도 어려움이 찾아왔습니다. 친구들과 깊은 관계를 맺기가 어려웠고 혼자 있기를 좋아했습니다. 시간이 갈수록 이런 불안정한 증상은 더 심해졌고, 부모님에 대한 반항도 커져갔습니다. 어머니에 대한 극심한 분노는 도시락을 가져가지 않거나 차려 주신 음식을 어머니가 보는 앞에서 버리는 행위로까지 이어졌습니다. 어머니 얼굴이 보기 싫어서 일

부러 늦게 들어가는 일도 많았죠.

비록 교회는 어릴 때부터 다녔지만 하나님의 은혜를 깊이 알지는 못했습니다. 형식적으로 출석만 하다가, 고등학교 2학년 때 누나의 강한 권고로 청소년 수련회에 참석했습니다. 가기 싫었지만 누나의 손에 이끌려 수련회에 참석한 그날 저녁, 저는 너무나 깊은 하나님의 사랑과 은혜를 깨닫게 되었습니다. 그날 이후 세상과 가정을 보는 마음이 완전히 달라졌습니다.

부모님을 끔찍히 싫어하며 반항했지만 그 모든 행동이 얼마나 큰 죄인지 깊이 알게 되었습니다. 무엇보다 하나님이 나 같은 죄인도 얼마나 깊이 사랑하시는지를 깨닫게 되었습니다.

수련회가 끝난 직후, 집에 도착하자마자 저는 어머니를 안아 드렸습니다. 평생 처음 경험한 아들의 포옹에 너무 놀란 나머지 어머니는 아무 말씀도 하지 못하셨습니다. 반항적이고 말도 없던 아이가 수련회를 다녀와서 갑자기 포옹을 하니 얼마나 놀라셨을까요?

어머니를 안아 드리며 "사랑합니다"라고 고백하고 싶었는데,

차마 그 말을 할 용기까지는 나지 않았습니다. 다만 마음의 소리로 '어머니, 너무나 죄송하고 너무나 사랑합니다'라고 고백했습니다. 그 후 7년 뒤 어머니가 소천하셨는데, 마지막까지 어머니께 사랑을 고백하지 못한 것이 지금도 너무 후회됩니다.

하나님은 저의 깊은 상처를 만져 주셨고 수많은 믿음의 형제를 통해 변화의 은혜를 지속적으로 허락해 주셨습니다. 이런 상처들은 감정의 깊은 바다을 경험하게 했지만, 하나님은 그 깊은 바닥을 타인의 감정을 이해할 수 있는 은사로 사용하셨습니다.

> 우리가 알거니와 하나님을 사랑하는 자 곧 그의 뜻대로 부르심을 입은 자들에게는 모든 것이 합력하여 선을 이루느니라(롬 8:28).

하나님 나라에는 쓰레기통이 없습니다. 우리가 아무리 큰 상처를 경험했더라도, 부끄러워 도저히 꺼내기조차 힘든 일들이 있더라도 버리시지 않고 하나님은 그런 우리를 사용하십니다. 하나님이 은혜를 주고자 작정하시면 어느 누구도 피할 수 없습니다.

회심 전 사울이 예수님을 핍박하기 위해 사용했던 모든 지식은 그가 예수님을 만난 후 유대인을 전도하기 위해서 사용되었습니다. 사도 마태는 유대인의 문화에 대한 지식을 로마의 앞잡이 노릇을 하며 세금을 징수하는 데 사용했지만, 은혜를 받은 이후에는 구약에 관한 모든 지식을 복음 증거를 위해 사용했습니다.

  저도 많은 시간이 흘러서 깊이 알게 되었습니다. 하나님은 저에게 일어난 모든 아픔과 상처를 사용하실 수 있는 분이셨고, 또한 사용하셨습니다. 가정에서 겪은 상처들은 누구도 다가올 수 없는 마음의 깊고 어두운 골짜기를 만들지만, 하나님은 황량하고 음침한 골짜기에 맑은 물이 흐르게 하시고 따사로운 햇빛도 들게 하셨습니다. 저 자신은 아무도 다가오지 못하도록 가시덤불로 무장했지만, 하나님의 은혜 앞에서 모든 두려움과 외로움의 울타리는 눈 녹듯이 녹아내렸습니다.

  거리에서 상담할 수 있는 이유 중 하나가 여기에 있습니다. 하나님은 제가 겪은 깊은 감정의 골을, 다른 사람의 이야기를 잘 듣고 그의 입장에서 생각할 수 있는 은사로 다시 사용해 주셨습니다. 때로 아픈 사연을 들을 때면 마치 저의 이야기처럼 들려 함께 눈물을 흘리기도 하고, 상담 후 잔상이 남아 힘이 들기도 합니다. 하지만 하나님은 이 모든 과정을 죽어 가는 사람들을 위해서 사용해 주셨습니다.

하나님은 가장 뛰어난 치료자입니다. 그분이 사용하지 못할 사람은 없습니다. 단지 우리가 그분의 은혜 가운데 거하지 못했을 뿐, 하나님은 언제나 우리에게 좋은 것을 주기 위해서 기다리고 계십니다. 우리가 끝까지 하나님을 신뢰하고 의지할 때 하나님은 우리 인생에 깊이 간섭하셔서 우리를 그리스도의 형상으로 만들어 가십니다.

이 놀라운 은혜를 감사하는 마음으로 전하기에 힘쓰는 우리가 되기를 기도합니다.

2부

불행한 일을 만날 때

문제보다 크신 하나님

부자가 누구일까요?

"여기가 뭐하는 곳이에요?"

얼굴은 70대쯤 돼 보이는데, 젊은이처럼 화려한 옷을 입고 진한 화장을 한 할머니가 빼꼼 파라솔 안을 들여다 보십니다. 현수막을 가리키는 손가락에 반지가 반짝거리는 걸 보니 옷차림만 봐서는 나름 여유 있게 사는 분 같았습니다.

"고민을 듣고 있어요, 어르신. 우리나라가 자살률이 높잖아요? 고민을 말할 데가 없어서 그렇거든요. 그래서 이런 자리를 마련하게 되었어요. 어떤 얘기든지 다 들어드릴 테니 말씀해 보세요."

조금 미심쩍어하시던 할머니는 제 개인적인 소개를 좀 더 듣고 나서야 자리에 앉으셨습니다. 어디서 오셨는지 묻자 할머니는 동네 마실 나온 듯 편하게 이야기를 시작하셨습니다.

안부를 물으며 가볍게 시작된 이야기가 오래 전 할머니의 고향 이야기로까지 이어졌습니다.

"내가 철 없고 아무것도 모를 때 결혼을 했거든. 종을 부릴 정도로 부잣집 청년이었는데 결혼하고 보니 남편이 도박에 빠진 거라. 결혼하고부터 매일 늦게 들어오는 거지. 도박하느라고. 너 죽고 나 죽자 싸우고 아무리 말려 봐도 소용없고, 그 많던 재산이 눈 녹듯 사라지는데 결국 집까지 날리고 말았지."

소작농을 둘 정도로 많던 땅은 점점 도박 밑천으로 줄어들고, 도박 빚 때문에 결국 집까지 압류당한 채 할머니의 가족은 거리에 나앉게 되었다고 합니다.

당시는 한번 시집가면 출가외인이라며 친정에서도 받아주지 않던 시절이었습니다. 할머니는 여인숙을 전전하며 살아야 했고, 심지어 유일한 자녀인 딸을 여인숙에서 낳아야 했습니다.

"여인숙에서 쫓겨날까 봐 아이 우는 소리도 안 들리게 입을 막으면서 키웠다니까. 근데 이 사실을 동네 사람들이 안 거야. 누가 미역국이랑 반찬거리를 가져다줬더라고. 내가 그걸 먹고는 목이 메어서 한참을 울었지. 애 낳고 처음 얻어먹는 미역국이었거든."

 아이를 키우는 일도, 생활비를 버는 것도 오직 할머니의 몫이었습니다. 남편은 어쩌다 한 번 여인숙에 들를 뿐, 도박을 끊지 못해 점점 폐인이 되어 갔습니다. 할머니는 딸을 키우기 위해 아이를 업고 청소부터 주방 설거지까지 안 해 본 일이 없었답니다. 힘들고 눈물 나는 일들이 많았지만 그래도 딸이 커 가는 모습을 보면서 버티셨다고 하네요.

 눈물을 훔치던 할머니가 갑자기 지갑에서 사진 한 장을 꺼내 보여 주셨습니다. 딸이 서른여섯 살 때 찍은 사진이라는데 엄청난 미인이었습니다. 꼭 연예인 같았습니다. 그런데 할머니가 사진을 손으로 한 번 쓸더니 다시 뚫어져라 한참을 쳐다보시더군요. 그러고는 작은 목소리로 말씀하셨습니다.

 "근데 오래전에 하늘 나라로 갔어."

 "네?"

 "백혈병을 오래 앓았거든. 좋다는 약은 다 써 보고, 절도 가고 교회도 가 보고 다 해 봤는데 못 고쳤어. 하나밖에 없는 딸, 어떻게든 고쳐주고 싶었는데……. 그래도 딸이 자식 없이 죽어서 그나마 다행이지 뭐야."

 할머니는 애써 마음을 추스르는 듯했습니다. 더이상 눈물을 보이고 싶지 않은 듯 먼 하늘을 응시하며 태연해지려는 모습에 저도 모르게 눈물이 흘렀습니다.

할머니는 딸이 암 투병을 할 때 무관심했던 시댁 식구들에게 분노를 가지고 있었습니다. 그 전부터 시댁은 남편의 도박 중독을 할머니 탓으로 돌리고는 했습니다. 집안의 많은 재산을 며느리가 잘못 들어와서 탕진한 거라며 할머니를 몹시 구박했죠. 그 바람에 시댁과 등을 져서 딸이 아플 때는 누구에게도 말할 곳이 없었던 것입니다. 그 모든 아픔을 지고 혼자 슬픔을 감당한 세월이 너무 길다고 저는 생각했습니다.

현재 할머니는 유리 공장에서 30년째 근무하고 계십니다. 공장장이라서 급여도 충분하고 혼자 먹고 살기에 어렵진 않다고 하셨죠. 그러면서 불쑥 저에게 물어보셨습니다.

"아저씨도 먹고 살 만하니까 이런 좋은 일도 하는 거 아냐?"

"모르긴 해도 제가 어르신보다 훨씬 수입이 적을 걸요?"

제가 망설임 없이 대답했습니다. 협동 목사에 자비량으로 일하고 있어서 수입이 적은 게 사실이었거든요.

할머니에게는 돈이 중요했습니다. 돈 때문에 자신이 한평생 고생했다고 생각하셨습니다. 그 자리에서 지혜가 생긴 저는 할머니에게 복음에 관한 이야기를 들려 드렸습니다.

"할머니, 부자가 누구일까요? 명품 가방을 들고 다니는 사람 중에도 거지가 참 많아요. 명품 가방을 들고 비싼 차를 타는 사람들은 자기와 비슷한 사람들끼리 만나잖아요. 그러다 보니 그 안에서 자기가 가난하다고 생각하는 사람들이 또 있어요. 내 명품 가방이 500만 원인데, 친구에 비해 싼 가방이면 집에 와서 자신은 가난하다고 생각하는 거죠."

"500만 원짜리 가방을 메는 데도?"

"그럼요. 진짜 부자는요, 마음이 부자인 사람 같아요. 빵이 한 쪽밖에 없어도 나눌 수 있는 사람이요. 마음이 부자인 사람은 시간도 다른 사람과 나눌 수 있어요. 그래서 제가 이 일을 할 수 있는 거예요. 저는 큰 사랑을 받아서 넉넉하거든요. 제가 사실은 목사인데요, 하나님께 너무나 큰 사랑을 받으니까 좋은 음식 안 먹고, 좋은 차 안 타도 마음이 좋아요. 작은 것도 나눌 마음이 생겨요. 하나님을 믿으면 마음이 부자가 되고, 다른 사람 눈에도 엄청 여유가 있어 보여요."

"아저씨가 목사였어? 목사가 이런 일도 해?"

할머니는 적잖이 놀라시는 듯했습니다.

"제가 이 일을 하는 건 하나님 사랑을 제일 많이 받은 사람이기 때문이에요. 그 사랑 때문에 돈을 벌 수 있는 시간을 다른 사람을 위해 쓰는 것이고요."

할머니는 낯설다는 표정으로 "목사님이 참 좋은 일을 하네" 하시며 칭찬을 아끼지 않으셨습니다.

잠시 후 할머니는 약속이 있다며 자리를 떠나셨습니다. 그리고 한 5분이나 지났을까, 할머니가 다시 곁으로 다가오셨습니다. 두 손에는 분식이 잔뜩 들려 있었습니다.

"이것 좀 먹고 해. 오늘 내 얘기 들어줘서 너무 고마워! 또 언제 나와?"

"저는 토요일마다 역 광장에 있어요."

할머니는 그날의 대화가 즐거우셨던 모양입니다. 다음 주에 또 오겠다는 말을 남기고 떠나셨습니다.

●

우리의 연수가 칠십이요 강건하면 팔십이라도

그 연수의 자랑은 수고와 슬픔뿐이요

신속히 가니 우리가 날아가나이다(시 90:10).

성경은 우리 인생에 대해서 정확하게 말해 줍니다. 인생은 지나온 날을 생각할 때 순간으로 기억됩니다. 살아갈 시간이 많다 느꼈는데 막상 지나고 나면 기억할 만한 일이 그리 많지 않고 수고와 노고뿐입니다.

저도 마찬가지입니다. 아쉬운 일들이 많이 생각납니다. 슬픈 일들도 많이 떠오릅니다. 어릴 적부터 부모님은 자주 싸우셨고, 아버지의 폭력이 난무했습니다. 어머니는 아버지와 사는 것이 힘들어 자주 가출을 하셨습니다. 얼마나 고단한 인생이었겠습니까?

그러나 어머니는 고난 가운데서 예수님을 만나셨습니다. 비록 환경은 변하지 않았지만, 어머니의 생각과 마음은 달라졌습니다. 자기 인생을 저주하고 한탄하던 마음에서 감사의 제목을 찾아 고백하셨고, 미워하던 아버지에 대한 기도도 시작하셨습니다. 새벽 기도회에 함께 따라나서면 어머니는 아버지를 위한 기도를 잊지 않으셨습니다. 어제까지만 해도 아버지로부터 비수에 꽂히는 수많은 말을 들었음에도 불구하고 하나님을 향해서 "저 사람을 불쌍히 여겨 주시옵소서"라는 기도를 잊지 않으셨습니다. 어머니는 비록 고난 많은 인생, 고달픈 환경이지만 하나님의 인도를 믿음으로 이겨 나가셨습니다.

지금도 세상의 수많은 사람이 자기 십자가를 지기에 버거워 많은 눈물과 상처 속에서 세상을 저주하며 살아갑니다. 오랜 세월 상처가 쌓여 강퍅한 마음과 거친 심성을 가지고 살아가는 사람도 있습니다. 이 땅에서 하나님을 모른 채 고생하며 살다가 하나님의 진노를 벗어나지 못한다면 얼마나 안타까운 인생일까요?

반면 하나님을 알고, 믿음으로 세상을 바라보고, 소망 가운데서 현실을 극복하는 것은 얼마나 큰 복인지 모릅니다. 하나님이 우리에게 이미 주신 복음은 돈으로 살 수 없는 은혜입니다. 우리는 이 은혜를 절망을 향해 달려가는 사람들에게 전하고 증거해야 할 것입니다.

멀어져가는 할머니의 뒷모습을 보면서 간절히 기도했습니다. 이 땅에서 너무나 고단한 인생을 살아오신 할머니가 꼭 하나님을 만나 복음을 듣게 되기를, 이 땅에서 흘린 모든 눈물을 주님이 닦아 주시고 주님께 위로받게 되기를 말입니다.

막상 사다 주신 분식을 먹으려니 할머니의 사연이 생각나 마음이 무거웠습니다. 저는 단지 시간을 내어 상처와 고통을 들어 드렸을 뿐인데 이렇게 고마워하신다는 사실에, 도시 사역에 대한 비전을 보게 하신 하나님의 은혜에 감사드리게 되었습니다. 다음 주에도 할머니를 꼭 뵐 수 있기를 소망하면서요.

한때는 잘나가는 액션배우였습니다만

겨울바람이 부는 오후, 한 아저씨가 파라솔 안으로 들어왔습니다. 김이 모락모락 피어오르는 컵을 보고 잠시 몸을 녹이고 싶었나 봅니다. 저는 새 컵에 생강차를 따라주었습니다. 컵을 감싸 쥔 손가락들 사이로 절단된 검지와 중지가 눈에 들어왔습니다. 그는 자신을 노숙자라고 소개했습니다.

"나도 잘나가던 때가 있었죠."

따뜻한 차에 마음도 함께 풀렸는지 그가 살아온 이야기를 시작했습니다. 아마도 과거에는 나름 잘 살았다는 말을 하고 싶었던 것 같습니다. 그러고 보니 50대임에도 몸이 날렵하고 눈빛에 총기가 있었습니다.

"지금은 행색이 이래 보여도 내가 영화배우로 꽤 오래 활동했어요. 주로 액션영화를 많이 찍었는데, 몸이 좋다 보니 스턴트맨으로 대역도 많이 했죠. 혹시 영화 '사생결단' 알아요? 그 영화 찍다가 좀 많이 다쳤어요. 위험한 장면이 많다 보니 부상도 잦고… 나이가 드니까 몸도 상해서 이 일을 오래는 못하겠더라고요."

"실례지만 손가락이 불편해 보이시는데 영화 찍다가 다치신 거예요?"

"아…! 이거요? 이건 공사장에서 일하다 그만… 모아놓은 돈도 없고, 안 그래도 몸이 힘든데 손까지 이렇게 되니 할 수 있는 게 없더라고요. 한 2년 됐나… 내가 노숙자가 될 줄은 꿈에도 몰랐는데, 어쩌다 보니 여기까지 왔네요."

그는 그래도 자신이 다른 노숙인과는 다르게 함부로 돈을 구걸하거나 술에 취해 행패를 부리지 않는다고 강조했습니다. 노숙인들 사이에 절도와 폭력이 많지만 자신은 범죄에 가담하지 않는다고요. 그래서인지 제가 준비한 핫팩을 여러 장 건네도 그는 극구 사양하며 한 개만 주머니에 넣었습니다.

그와의 깊은 대화를 통해 노숙인들의 세계를 좀 더 들여다볼 수 있었습니다. 놀랍고 안타까운 경우가 한두가지가 아니었습니다.

"우리 같은 노숙자들은 죽어도 뉴스나 신문에 안 나와요. 아무도 신원을 확인하려고 하지 않거든."

"그렇게 돌아가시는 분들 보면 무섭거나 힘들지 않으세요?"

"왜 안 힘들겠어요. 얼마 전에도 친구처럼 지내던 사람이 같이 걸어가다 갑자기 전철로 뛰어들어 버렸어요. 그 자리에서 세상을 떠났지."

"…눈앞에서 그런 일을 겪으시다니 너무 놀라고 힘드셨겠네요."

"노숙자들은 죽는 일이 비일비재해요. 언젠가는 돈이 좀 생겨서 여럿이 찜질방에 갔다가 다 죽었어요. 한겨울에 추운 데서 얼어 있다 갑자기 뜨거운 데 들어가니까 몸이 못 견디고 사고가 난 거지."

죽음이 일상인 삶을 살아가는 그가 너무 애처로워 마음이 아팠습니다. 목숨을 잃는 다른 노숙인들의 삶도 안타깝기만 했습니다.

그는 세 번에 걸쳐 파라솔을 찾아와 노숙자로 살아가는 자신의 애환을 풀어놓았습니다. 거리에서 잠들며 자리싸움한 이야기, 따뜻하게 자는 요령까지 참으로 다양했습니다.

"이렇게 진지한 이야기를 나눌 사람이 없었는데, 정말 고마워요. 내가 노숙자이긴 해도 아직 힘도 있고요, 혹시 도움이 필요하면 말해요. 싸우는 기술 하나는 내가 누구한테도 뒤지지 않거든. 원한 있는 사람 있음 대신 복수도 해줄 수 있어요."

'복수'라는 대목에서 잠깐 놀라긴 했지만, 그것은 그가 저에게 줄 수 있는 최고의 호의였습니다. 그에게는 '미래'라는 단어가 없어 보였습니다. 하루하루가 생존의 문제여서 잠자리가 바뀌지는 않을지, 어디서 또 끼니를 해결할지가 큰 고민이었습니다.

노숙인을 위한 시설도 있지만 대부분 정해진 규칙에 적응하지 못하거나 다른 노숙인들과의 다툼으로 오래 견디지 못합니다. 거리 생활 자체는 매일이 전쟁입니다.

노숙인으로 정해져 태어나는 사람은 없습니다. 인생길을 누가 알겠습니까? 노숙인으로 살아가는 그와 한동안 이야기를 나누면서 아무도 알 수 없는 인생길에 대해서 생각해 보았습니다.

그의 말대로 잘 나가던 때, 영화 세트장에서 스턴트맨으로 활동하던 그의 모습을 그려봅니다. 영화가 제작되고 자신이 출연한 장면에 한껏 들떠 친구들에게 자랑도 했을 것입니다. 영화 엔딩 자막으로 자신의 이름이 올라갈 때의 자부심은 또 얼마나 대단했을까요? 그러나 어느 날 갑자기 찾아온 사고로 영화에 대한 꿈을 포기해야 했고, 먹고살기 위해 이런저런 일을 하다 몸이 망가지자 더 이상 어떤 소망도 가질 수 없는 나락으로 떨어지고 말았습니다.

인생은 누구도 장담할 수 없는 것 같습니다. 이런 불행은 갑자기 나에게도 찾아올 수 있습니다. 불행이 찾아왔을 때 사람들은 매우 근본적인 질문을 던집니다. 왜 내가 태어나야 했냐고, 세상을 만들고 주관하는 신이 있다면 왜 나에게 이런 고통을 주냐고 말입니다. 이 원망이 커지면 가까운 사람들과 세상을 향해 분노를 쏟아내기도 하겠죠.

●

내일 일을 너희가 알지 못하는도다

너희 생명이 무엇이냐 너희는 잠깐 보이다가

없어지는 안개니라(약 4:14).

하나님 없는 인생은 불행의 원인을 절대 알 수 없습니다. 나의 시작과 끝을 전혀 모르기 때문입니다. 하나님 없는 인생은 안개와 같습니다.

그러나 하나님을 아는 인생은 다릅니다. 하나님 안에서 우리에게 일어나는 모든 불행은 하나님의 목적을 이루는 데 사용됩니다. 우리를 향한 하나님의 목적은, 우리가 하나님의 사람으로 온전하게 빚어져 그분의 의와 거룩을 드러내는 데 사용되는 것입니다.

요셉에게 일어난 불행한 일들을 생각해 보십시오. 형들에 의해 타국의 노예로 팔려간 요셉은 애굽의 총리가 되어, 위기에 처한 가족을 구하는 데 결정적인 역할을 합니다. 더 넓게는 하나님이 요셉에게 주셨던 꿈을 이루는 데 그의 삶이 모두 사용됩니다.

우리가 아무리 나쁜 일을 만나고 불행한 사고를 겪는다 하더라도 소망을 거둘 수 없는 이유는 우리의 생명이 하나님의 것이기 때문입니다. 사랑하시되 끝까지 사랑하시는 하나님의 소유가 되었기에 하나님은 우리를 그냥 내버려두지 않으십니다.

세 번의 만남 이후, 그를 다시 볼 수 없었습니다. 혹시 나쁜 일이 생기진 않았을까 걱정하며 저는 한동안 이름도 모르는 그를 위해 기도했습니다. 만약 노숙인으로 살아온 그가 이 소망을 가지고 있었다면 하나님은 그의 역경을 간증의 기회로 변화시켜 주셨을 것입니다. 지금은 어디에 있을지 모를 그의 삶에서 저와의 만남이 그 소망으로 들어가는 문이 되기를 간절히 바라봅니다.

너의 잘못이 아니란다

어느 오후, 파라솔 주변을 서성이는 초등학생 두 명이 보였습니다. 직감적으로 '이 아이들이 이야기를 하고 싶구나'라는 생각이 들어 밖으로 나갔습니다.

"안녕? 아저씨는 고민을 들어 주러 나온 사람이야. 뭐든 편하게 이야기해도 돼."

경계를 풀지 않는 아이들이 더 안심할 수 있도록 제 명함을 건넸습니다. 아저씨는 목사라고 밝히고 이 일을 시작하게 된 계기를 자세히 얘기해 줬더니 아이들의 표정이 한결 편안해졌습니다.

잠시 후 오른쪽에 앉아 있던 지영이가 먼저 이야기를 시작했습니다.

"저는 지금 초등학교 6학년인데요, 3학년 때부터 계속 왕따를 당해서 너무 힘들어요."

아이는 왕따를 주도하는 친구와 계속 같은 반이 되는 바람에 매일 고통의 시간을 보내야 했습니다. 왕따의 강도는 갈수록 심해졌는데, 반에서 거의 매일 혼자 있어야 했고 어떤 친구도 말을 걸어주지 않았습니다.

"너무 괴로워서 죽고 싶었어요. 죽으면 학교 안 가도 되고 왕따도 안 당할 테니까요. 어떻게 하면 될까 생각하다가 학교 옥상으로 올라갔어요. 처음엔 아래를 내려다보기만 해도 무서워서 엉엉 울었어요. 근데 다음날 또 그 친구가 저를 왕따시키면 너무 힘들어서 또 올라가고… 다섯 번은 그랬던 거 같아요. 신발을 벗고 뛰어내리기 전에 엄마에게 마지막 문자를 남기려고 카톡을 열었는데… 엄마가 보낸 톡이 있는 거예요. '내일은 더 좋은 날이 기다릴 거야.' 그 메시지를 보니까 엄마 생각이 막 밀려와서… 뛰어내릴 용기가 안 났어요. 옥상에 올라갈 때마다 엄마의 그 메시지를 읽고 다시 교실로 내려왔어요."

초등학생에게서 이런 이야기를 듣다니 너무나 충격적이었습니다. 얼마나 고통스러웠으면 어린 마음에 자살을 실행으로 옮기기까지 했을까 생각하니 마음이 저려 왔습니다.

"힘들겠지만 혹시 지영이를 왕따시킨 그 친구에 대해 아저씨한테 말해 줄 수 있을까? 그 친구가 어떻게 너를 힘들게 했는지 말이야."

돌아온 대답은 놀라웠습니다. 왕따를 주도한 아이는 여자아이들끼리 형성된 친구 관계를 파고들어 이간질하고, 온갖 방법을 동원해 나머지 친구들을 자기편으로 만들었습니다. 떡볶이를 사 주거나 선물을 보내기도 하고, 집에 초대하거나 자신의 그룹에 끼워주며 극진하게 대하면서 말입니다.

만약 지영이가 누군가와 조금이라도 친해지면 그 친구를 빼앗아 아이를 더욱 고립시켰습니다.

"어제까지 친하게 놀던 친구가 다음 날 갑자기 저한테 와서 '네가 너무 싫고 미워!', '너랑 아는 게 창피해.' 이러는 거예요. 그렇게 말할 친구가 아니거든요. 이유를 알아보니까 저를 왕따시킨 애가 시켜서 그랬대요."

지영이는 상황을 바꿔보려고 왕따를 주도한 친구에게 투항하듯 시키는 대로 했던 적도 있었습니다. 그런데 그 과정에서 충격적인 사건이 일어났습니다. 왕따를 주도한 아이가 친구들을 모아서 수영장에 갔는데, 일부러 지영이의 수영모를 깊은 물에 던져 놓고 건져 오라고 시킨 겁니다.

"제가 수영을 잘 못하는 걸 알고 일부러 그런 거예요. 근데 걔가 시키니까 어쩔 수 없이 모자를 건지러 가다가 물속에 빠져서 하마터면 큰일날 뻔했어요. 숨쉬기가 힘들고 너무너무 무서웠어요."

그 뒤 지영이는 다시 혼자 밥을 먹고 혼자 등하교를 해야 했습니다.

"부모님께도 이런 고민들을 얘기해 봤니?"

"네. 그러면 엄마는 공부나 열심히 하라고 해요."

지영이의 일과는 매우 고단했습니다. 매일 학원을 7개 정도 다니는데 집에 오면 저녁 9시, 숙제까지 마치면 항상 새벽 1시가 되었습니다. 유일하게 쉬는 날이 토요일 오후라서 친구와 잠시 분식집에서 간식을 먹다가 이곳에 들른 것이었습니다.

한 시간 넘게 이야기를 들으며 지영이가 느꼈을 깊은 슬픔과 절망감에 마음이 너무나 무거웠습니다. 아이들이 경험하는 친구들과의 세계는 그야말로 정글이었습니다. 아이들의 왕따 문제가 이렇게 심각할 줄은 상상조차 못했습니다.

지영이는 엄마에게서 걸려 온 전화를 받고 황급히 떠났습니다. 저는 뛰어가는 지영이의 뒷모습을 바라보며 기도했습니다.

"하나님, 지영이가 제발 다시 와서 마음의 짐을 좀 더 내려놓을 수 있게 해 주십시오."

 감사하게도 어느 날 지영이가 다시 찾아왔습니다. 그리고 학원에 치여 사는 자신의 삶이 너무 괴롭다는 두 번째 고민을 털어놓았습니다.
 "친구들이랑도 놀고 싶은데 학원 때문에 아무것도 못 하니까 힘들어요. 저희 오빠도 학원 엄청 많이 다니거든요. 근데 성적이 안 오르니까 엄마한테 혼나고… 저도 자포자기하는 심정으로 그냥 다녀요."
 "엄마한테 학원을 좀 줄여 달라고 얘기해 본 적은 없니?"
 "좋은 대학 가려면 지금부터 열심히 공부해야 해서 어쩔 수 없어요. 좋은 대학에 가야 좋은 신랑을 만나서 잘살 수 있으니까요."
 지영이의 말에 저는 두 귀를 의심했습니다. 초등학교 6학년 아이가 벌써 이런 생각을 가지고 있다니, 이런 가치관은 어디서 왔을까요? 추측건대, 부모에게서일 것입니다. 오로지 성공만을 추구하는 부모의 가치관이 아이에게 그대로 전해지고 공부 외에 깊은 고민을 들어줄 사람은 없는 채로 아이는 곪아 가고 있었습니다.

안타깝게도, 지영이는 왕따의 이유를 자신에게 돌렸습니다.

"제가 잘못해서, 바보라서 왕따를 당하는 거 같아요."

"지영아, 절대 너의 잘못이 아니야. 그 친구들이 너에게 해서는 안 될 나쁜 행동을 한 거고 너에게 용서를 구해야 하는 거란다. …어떻게 보면 너뿐만 아니라 너를 왕따시킨 그 친구가 그렇게 된 것도 모두 우리 어른들의 잘못이고 책임인 거야. 이런 세상을 너희들에게 물려주다니 정말 부끄럽고 미안하구나. 지영아! 같은 어른으로서 아저씨가 대신 사과할게. 네 얘기를 들어 주지 않고 외롭게 해서 정말 미안해."

진심 어린 말에 지영이의 표정이 조금 편안해 보였습니다. 뒤이어 저는 왕따를 주도한 아이에 대해 좀 더 설명해 주었습니다. 왕따를 주도한 아이는 전형적인 '연극성 인격 장애'를 겪는 듯 보였거든요. 지영이에게 연극성 인격 장애에 대해서 잠시 설명하며 많은 학생이 그 장애를 겪고 있다고 말해 주었습니다. 제 말에 지영이가 깊은 자책과 무능감에서 약간 벗어나는 듯한 느낌을 받았습니다.

저는 지영이와 오랜 기간 상담을 하면서 아이들의 고민도 어른들만큼이나 신중하고 진지하게 접근할 필요가 있음을 알게 되었습니다.

어린 지영이뿐 아니라 어른들을 포함한 우리 사회의 수많은 사람들이 극심한 경쟁의 노예로 숨 쉴 틈 없이 살아갑니다. 좀 더 잘살고, 좀 더 높은 곳에 오르기 위해 자신을 무한 경쟁 속으로 매몰차게 밀어 넣고 있습니다. 그러다 그 버거움을 감당하지 못해 자살이라는 극단적인 선택을 하기에 이릅니다.

●

평안을 너희에게 끼치노니 곧 나의 평안을 너희에게 주노라
내가 너희에게 주는 것은 세상이 주는 것과 같지 아니하니라
너희는 마음에 근심하지도 말고 두려워하지도 말라(요 14:27).

인간이 자신의 힘으로 참 평안을 찾을 수 있을까요? 세상이 만들어 낸 수많은 종교가 있습니다. 이들은 종교적 열심과 노력으로 참된 평안을 찾을 수 있다고 말합니다. 참선을 하던지, 고행을 하던지 본인의 노력을 통해 얻을 수 있다고 가르칩니다.

그러나 성경은 인간 스스로는 평안을 얻을 수 없다고 분명히 말합니다. 왜 그럴까요? 마음과 생각에 이미 문제가 있기 때문

입니다. 인간은 죄로 인해 왜곡된 인식과 마음을 가지고 있습니다. 종교적인 노력으로든, 성공을 위한 노력으로든, 그 무엇이라도 참 평안을 얻을 수 없습니다. 일시적인 안정은 줄 수 있을지 몰라도 영원한 평안은 보장되지 않습니다.

지영이의 문제는 왕따만이 아니었습니다. 어른들이 조금만 관심을 가지고 귀를 기울여 주었다면 자살까지 생각하지 않을 수 있는 문제입니다. 부모나 주변 어른들이 공부보다 아이에게 집중했다면 도울 수 있는 문제였습니다.

사람들은 왜 아이들의 문제를 보지 못할까요? 왜 아이들의 고통에 귀를 기울여 주지 않을까요? 아이가 세상 속에서 살기 위한 외적 조건을 갖추는 데만 관심이 있기 때문입니다. 세상이 말하는 기준에 도달해야 행복이 있다고 생각했기 때문입니다.

그러나 우리는 이미 수많은 직간접 경험을 통해 알고 있습니다. 세상이 말하는 성공의 기준에 맞춰 살아갈 때 결코 행복하지도, 평안하지도 않다는 것을요. 일시적인 행복과 만족을 줄지언정 영원한 행복을 보장하지 못한다는 것을 말입니다.

반면 하나님이 주시는 평안은 일시적인 안정이 아니라, 영원한 안정입니다. 이 땅에서뿐만 아니라 내세에서도 누리게 되는 평안입니다. 하나님을 예배하고 그분과 교제하는 가운데, 우리를 향한 하나님의 사랑과 긍휼 안에서 비로소 맛보게 되는 평안입니다. 이 평안을 가진 자는 이 땅에서 계획한 목적을 달성하지 못한다고 하더라도 낙심하거나 절망하지 않습니다.

어린 나이에 죽음을 고민하는 이 땅의 지영이들, 또 아이들을 아프게 만든 어른들이 이 평안을 알고 누리게 되길 간절히 소망합니다.

평생 아픈 가족을 위해
살아왔다 해도

 결혼 직후 장인어른이 지병으로 앓던 폐암이 악화되면서 세상을 떠나셨습니다. 남편을 잃은 장모님은 갑자기 찾아온 중증 우울증으로 인해 수면장애뿐만 아니라 대화나 기억이 어려울 정도로 힘든 시간을 보내셨습니다. 처남들이 미혼인 데다 직장 생활로 바쁜 일과를 보냈기 때문에 낮 시간에 장모님을 돌볼 수 있는 우리 부부가 모시고 살게 되었습니다.
 오랜 기간 우울증을 치료하기 위해 큰 병원들을 찾아다녔지만, 회복의 기미가 보이지 않았습니다. 우울증이 심하면 몸에도 심각한 고통을 줄 수 있다는 사실을 그때 처음 알았습니다. 중증 우울증이 자율 신경에 영향을 미쳐서, 몸의 기능을 위해 움

직여야 할 근육과 신경이 오작동을 일으키곤 했습니다. 때로 장모님은 외상이 없음에도 화상을 입은 것처럼 고통을 호소하셨습니다. 너무 힘든 나머지 죽음에 관해 자주 이야기를 꺼내셨습니다.

장모님을 마음에 품고 아내와 함께 얼마나 많은 날을 기도했는지 모릅니다. 좋다는 곳은 어디든 모시고 다니며 증상이 호전되기를 간절히 바랐지만 마음처럼 상황은 좋아지지 않았습니다.

그러던 어느 날 저녁, 식사하시라고 말씀드리러 들어간 저는 깜짝 놀랐습니다.

"장 서방, 나 좀 죽여 주게. 제발!"

절규하는 장모님 옆으로 아세톤 한 병이 나뒹굴고 있었습니다. 장모님이 죽기를 결심하고 화장대에 놓여 있던 아세톤 한 병을 모두 마셨던 것입니다.

"어머니, 빨리 병원부터 가요. 어서요!"

"날 죽여 주면 여기서 나갈 거야. 제발 부탁이야! 제발……."

장모님을 강제로 잡아 일으켜 보려 했지만 꼼짝도 하지 않으셨습니다. 너무나 강경한 태도에 망연자실해 있던 저는 순간 지혜가 생겼습니다.

"어머니, 병원에 가면 빨리 죽으실 수 있어요. 거기 가서 제가 조치를 좀 취해 볼게요."

그제서야 장모님은 선뜻 일어나서 병원으로 향하셨습니다. 바로 근처 병원 응급실로 달려가 급히 위 세척과 응급 처방을 한 후에야 상황이 진정되었습니다. 장모님의 우울증은 그 뒤로 조금은 진전이 있었으나 마음을 놓을 수는 없었습니다.

이런 와중에 아내도 건강이 좋지 않았습니다. 결혼 후 5년쯤 지났을 때 치과에서 진료를 잘못 받아 턱 관절에 문제가 생겼고, 온몸의 통증으로 이어졌습니다. 살기가 힘들다고 말할 정도로 고통스러운 통증이었습니다. 좋다고 하는 약은 물론 민간요법도 모두 써 보았지만 통증은 나아질 기미가 보이지 않았습니다. 사람의 힘으로는 도저히 불가능해 보였습니다. 오직 하나님의 긍휼만 구할 수밖에 없었습니다. 하나님의 즉각적인 치료를 놓고 기도했지만 응답은 느리기만 했습니다. 아내의 병과 장모님의 우울증이 10년 넘게 이어지다 보니 제 목회의 일부분을

접어야 하는 상황까지 왔습니다.

  교회 일을 하다가도 아내가 고통을 호소하면 일단 달려가야 했습니다. 풀타임 사역은 불가능했기에 파트타임 사역을 하면서 생활비를 마련해야 했습니다. 오랜 기간 이중직을 하게 되면서 저는 사역자로서 부르심에 대해서 많은 고민을 하게 되었습니다.

  '사역에 집중하기 힘든 상황을 주신 이유가 무엇일까?'

  많은 사람을 주께 인도하고 멋진 사역으로 하나님께 영광을 돌리고 싶었는데 현실은 녹록지 않았습니다. 아내와 가족들의 든든한 지원을 받는 다른 사역자와 비교하며 초라한 제 모습에 서글퍼지기도 했습니다. 이런 환경에 대한 답답함을 오랫동안 하나님께 호소했습니다. 그러던 중 어느 날 하나님이 깊은 깨달음을 주셨습니다. 그것은, 아픈 아내와 장모님을 돕는 일도 소중한 사역이라는 사실이었습니다.

  하나님은 얼마나 많은 사람을 주께로 인도했는지, 그 숫자와 양을 헤아리시기보다 얼마나 진정성 있는 신앙고백으로 살아왔는지에 대해서 보신다는 것을 깨달았습니다. 어려운 환경으로 인해 가족을 돌보는 데만 사역의 에너지를 썼다 해도, 하나님은 저에 대해서 실망하지 않으실 것이라는 믿음이 생겼습니다.

그 믿음이 생기자, 평생 아픈 가족을 돌보며 살아간다고 해도 하나님 앞에서 소중한 사역임을 고백하게 되었습니다. 누구도 돌볼 수 없는 사람을 하나님이 저에게 맡겨 주셨다면 기쁘게 감당해야 한다고 생각하게 되었습니다. 평생 하나님이 단 한 사람을 맡겨 주셨다고 하더라도 기쁘게 감당할 수 있어야 사역자이지 않을까, 생각했습니다.

> 사람이 친구를 위하여 자기 목숨을 버리면 이보다 더 큰 사랑이 없나니(요 15:13).

하나님은 사랑이십니다. 예수님은 하나님의 사랑을 병자를 고치시고 세리와 죄인들의 친구가 되어주심으로 보여 주셨습니다. 이 사랑의 끝은 한 사람을 위해서 죽을 수 있는 자리까지 가는 것입니다.

지금도 세계 각국 오지에서는 많은 선교사들이 때로, 몇 명

되지 않는 부족의 선교를 위해서 평생을 바치고 있습니다. 성경 번역을 위해 평생 소수 민족과 함께 하는 선교사들도 있습니다. 하나님의 사랑을 안다면 사랑이 필요한 곳을 섬길 수 있어야 합니다. 그곳이 가까운 가족이라도, 혹은 주변에 있는 한두 사람이라도 사랑이 필요하다면 복음을 들고 가서 전해야 합니다.

하나님은 가족의 아픔을 통해 저로 하여금 한 사람의 소중함을 깨닫게 하셨습니다. 한 사람을 잘 돌볼 수 있다면, 그때 하나님은 진정으로 돌볼 또 한 사람을 맡겨 주시는 것 같습니다.

거리에서 자신의 이야기를 들어줄 사람을 찾는 이 시대에, 시간을 내어 한 사람의 아픔을 들어 주고 마음을 내어 주는 일, 그것이 얼마나 귀한 사역인지 아내와 장모님의 아픔을 통해 알게 해 주신 하나님께 감사드립니다.

그놈들이 내 땅을 가져갔어!

"여기가 고민을 해결해 주는 곳입니까?"

연세가 지긋한 할아버지 한 분이 파라솔 안으로 들어왔습니다. 손에는 서류 한 뭉치가 들려 있었는데, 자리에 앉자마자 할아버지는 참았던 울분을 토해 놓으셨습니다.

"내가 경기도 광주시에 사는데 시에서 내 땅을 가져가고는 보상을 안 해 주는 거야."

내용을 들어 보니, 시에서 할아버지 집 앞에 도로를 내면서 땅을 수용하고는 보상을 해 주지 않는다는 사연이었습니다. 그것 때문에 계속 시청이고 법원이고 알아보는 중인데, 해결될 기미가 보이지 않는다며 욕을 해대셨습니다.

할아버지가 땅문서와 소송 자료들을 테이블 위에 한 아름 펼쳐 놓는데, 제가 토지 문제에 대해서 전혀 아는 바가 없다 보니 변호사로 있는 친구에게 바로 전화를 걸어 물어봤습니다. 친구는 아주 쉽게 설명해 주었습니다. 그러면서 "어쩌면 그 할아버지가 고집을 부리시는 걸 수도 있어. 비슷한 일을 나도 많이 겪어봤거든. 만약 진짜 소송이나 문제를 제기하려면 일단 법률구조공단에서 무료로 상담을 해 주니까 안내해 드려 봐!"라는 말을 덧붙였습니다. 저는 할아버지에게 그 말을 전했습니다.

"벌써 여러 번 다녀왔어. 그놈들도 똑같은 놈들이야. 지들 얘기만 하고 내 얘긴 잘 안 들어줘."

할아버지는 화가 가라앉지 않는 듯 보였습니다. 저는 일단 할아버지의 얘기를 듣는 데 집중하기로 했습니다. 그런 저의 모습에 진정이 좀 되셨는지 할아버지는 누그러진 목소리로 한참 동안 하소연을 이어가셨습니다. 그리고 다시 한번 살펴봐 달라는 말과 함께 서류 한 뭉치와 연락처를 남기고 떠나셨습니다.

할아버지가 떠나고 메모를 하며 다시 내용을 천천히 비교해 보니 친구의 말이 맞는 것 같았습니다. 서류에는 보상에 대한 내용도 있고, 수용에 대해서 미리 고지하고 동의를 구한 내용도 있었습니다.

할아버지가 잘못 이해하셨다 하더라도 이미 주신 서류는 돌려 드려야 할 것 같아서 며칠 후 할아버지 댁을 방문했습니다. 마침 그쪽에 지인 목사님이 계셨는데 어쩌면 할아버지와 교제를 나누며 도움을 줄 수 있겠다 싶어 전후 사정을 설명하고 함께 갔습니다. 다행히 그 목사님도 교회에 젊은 변호사가 있어 무료로 잠시 서류를 검토해 줄 수 있다는 말씀까지 해 주셨습니다.

이 기회에 할아버지가 교회에 나오실 수 있지 않을까 하는 작은 소망이 생겼습니다.

할아버지 댁을 방문하니 할머니가 너무나 친절하게 맞아 주셨습니다. 알고 보니 근처 교회에 다니시는 권사님이었습니다.

"남편을 전도하려고 얼마나 오랫동안 기도했는지 몰라요. 그런데 이렇게 길에서 목사님을 만나 상담을 받게 하시다니 하나님의 인도하심이네요. 정말 감사해요."

●

여호와께서 그의 보좌를 하늘에 세우시고
그의 왕권으로 만유를 다스리시도다(시 103:19).

거리 상담은 복음으로 불신자들을 만지는 현장입니다. 그분들은 고통스러운 삶의 문제를 한 아름 안고 나와 풀어 놓습니다. 그 과정에서 소통이 이루어지고 마음이 열리기 시작합니다. 물론 상담 오신 분들의 문제들을 들으며 막막할 때도 많습니다. 미로 같은 문제에서 내담자와 함께 조금씩 실마리를 찾아갈 때도 있지만, 문제 그대로 남게 되는 경우도 많기 때문입니다.

그럴 때마다 인간이 가진 지혜의 한계를 체감하게 됩니다. 그럼에도 한 가지 확실한 것은 막막한 현실을 통해서 하나님이 우리를 부르시고 만나 주신다는 사실입니다.

땅 문제로 찾아온 할아버지는 개인적인 손해에 매우 민감한 분이었습니다. 이 문제는 사실 해결될 수 없는 일이었습니다. 시에서 미리 고지를 했고 할아버지도 이미 동의한 내용이었으나 실제로 잘려나가는 땅을 보면서, 자신이 더 손해 보고 있다는 생각이 들자 분노가 일었던 것이었죠.

하지만 이 과정을 통해서 할아버지는 복음을 접하게 되었습니다. 사실 할아버지는 평생 교회와 담을 쌓고 살았습니다. 과거 교회에서 받은 작은 상처로 인해 평생 교회를 비난하며 살았습니다. 그런데 자신에게 일어난 억울한 일로 인해 저를 만난 것이 복음의 통로가 될 줄 누가 알았을까요? 오랫동안 남편을 위해 기도해 온 할머니도 전혀 예상하지 못한 전개였습니다.

  누구나 항상 만족한 인생을 살 수는 없습니다. 때로는 가족, 혹은 세상을 향한 불평과 원망으로 평생을 사는 사람들도 있습니다. 어떤 사람은 그 원망을 반사회적 행동으로 표출하며 극단적인 삶을 살아가기도 합니다. 이 모두가 사람의 지혜로는 자신의 문제를 풀어 나갈 정답을 찾을 수 없기 때문입니다. 그러나 하나님의 지혜는 다릅니다. 하나님은 우리의 원망과 분노를 감사와 기쁨으로 바꾸실 수 있습니다.

  할아버지의 분노를 구원의 기쁨으로 바꾸신 하나님의 놀라운 지혜를 발견하며 저는 오늘도 파라솔을 찾아온 누군가의 말에 귀를 기울여 봅니다. 그들의 인생이 분노의 늪에 빠지지 않고 고슬고슬한 은혜의 땅에 안착할 수 있기를 바라면서요.

  그 후, 함께 가신 목사님이 계속해서 적극적인 도움을 주시며 교제를 이어가신 덕분에 할아버지는 교회에 출석하게 되었습니다. 비록 할아버지의 말씀처럼 땅 문제는 시의 잘못이 아니었지만 그 일을 계기로 할아버지가 복음을 듣게 되었으니 얼마나 큰 은혜인지 모릅니다.

여기가 교회구나

거동이 불편해 보이는 50대 중반 아저씨가 파라솔로 들어왔습니다. 그는 말 없이 갑자기 신분증을 꺼내더니 장애 등급을 보여 주었습니다. 뇌병변 장애였습니다.

"몸이 이러니까 나를 이상하게 보는 사람들이 많아서 늘 이렇게 신분증을 먼저 보여줘요."

무표정한 얼굴에 팔이나 동작이 슬로모션 영상처럼 느리게 움직였습니다.

"어떤 고민으로 여기에 오시게 됐어요?"

저의 물음에 그가 천천히 입을 열어 그간의 삶을 얘기하기 시작했습니다.

"20년 넘게 가구 공장에서 일했는데, 가구를 배달하다 교통

사고로 크게 다쳐서 뇌 손상을 입었어요. 뇌 중에서도 몸의 기능을 담당하는 부분에 이상이 생겨서 말도 어눌해지고 걸음걸이도 안 좋아졌죠."

일상생활에서조차 많은 어려움이 생기다 보니 직장 생활은 엄두도 내지 못했습니다. 집 앞이 경사가 심해서 외출도 마음껏 하기가 힘든 상황… 그래도 집에만 있기에는 답답해 가끔 야탑역 광장에 나오는데, 아는 사람도 없고 만나 주는 사람도 점점 줄어서 이제는 거의 혼자 지내신다고 합니다.

"열심히 일하던 예전 공장 생활이 많이 생각나죠. 그때가 참 좋았어요. 지금은 받아주는 데도 없고 막막해요."

"그러면 생활이 많이 힘드실 텐데 어떻게 지내고 계세요?"

"아내가 식당일을 해서 먹고 살아요. 근데 그것도 요새 허리가 안 좋아져서 일을 쉴 때가 많아요. 딸 둘이 있는데 걔네들이 가끔 용돈을 보내주기도 하고요. 지들도 살림이 빠듯할 텐데 부모로서 미안하죠, 뭐!"

자신의 어려운 형편을 이야기하는 게 멋쩍어서인지 그는 얼마 되지 않아 곧 나가려고 했습니다. 좀 더 있다가 가도 된다고 해도 손사래를 치며 괜찮다는 말과 함께 자리를 떠났습니다. 오랫동안 직장 생활을 하면서 몸에 밴 듯한 절제된 태도가 느껴졌습니다. 다른 분들에 비해 짧은 시간 대화를 나누다 보니 저도 아쉬웠습니다.

그런 제 마음을 알았는지 그가 다시 이곳을 찾아왔습니다. 이전보다 좀 더 편안해진 얼굴이었습니다. 서로 이런저런 얘기를 주고받다 교회 이야기가 나오게 되었습니다.

"아저씨, 혹시 교회 나가 보신 적 있으세요?"

"아뇨. 가 본 적은 없는데 전부터 관심은 있었어요. 어떤 곳인지 궁금하기도 하고요."

"그러면 제가 성경에 나오는 이야기들을 좀 들려 드려도 될까요?"

그는 고개를 끄덕이며 마침 지루한데 재미있는 이야기라도 듣자는 눈빛으로 저를 쳐다보았습니다. 저는 성경이 무엇인지 간략히 설명한 후 먼저 탕자 이야기를 들려주었습니다. 이야기를 바탕으로 하나님이 어떤 분이시고, 우리를 어떻게 생각하시는지 가장 쉬운 표현으로 설명하자 그의 눈빛이 생동감 있게 반짝이는 것을 느낄 수 있었습니다.

저는 더 신이 나서 이번에는 예수님이 보여주신 오병이어의 기적에 대해 들려주었습니다. 사람이 무엇으로 살아야 하는지에 대해서도 함께 말해 주었습니다. 신기한 듯 집중해서 잘 듣던 그는 또 갑자기 일어나 나가려고 했습니다.

"혹시 제가 기도해 드려도 될까요?"

제가 얼른 기도를 제안하자 다행히 그가 고개를 끄덕였습니다. 간절한 마음을 담아 하나님께 그와 그의 가정을 위해 기도했습니다. 그러자 감동의 눈빛으로 저를 바라보시더군요. 자신을 진심으로 위하는 사람의 말을 오랫동안 들어 보지 못한 것 같았습니다.

그는 그 후로도 매주 같은 시간에 파라솔을 찾아왔습니다.

상담 사역을 하다 보니 이처럼 정기적으로 파라솔을 찾아오는 이들이 생겨나기 시작했습니다. 그들을 위해 기도하고 말씀을 전하면서, 한 가지 드는 생각이 있었습니다.

'아, 여기가 교회구나.'

저 역시 교회 하면 먼저 잘 갖추어진 예배당만 생각하는 편견이 있었습니다. 그런데 제가 만나는 사람들에게 집중하다 보니 교회는 건물이 아니라 부르심을 입은 성도의 만남이라는 것을 깨닫게 되었습니다. 건물이 없어도, 마이크가 없어도 교회로서 모일 수 있음을 알게 되는 순간이었습니다.

'길거리에서 의자 두 개만 있어도 예수님이 함께 하시고 말씀이 증거되며 기도로 교제를 할 수 있다면, 여기가 바로 선교 현

장이며 교회의 시작이구나.'

이런 생각을 하고 나서부터 조금 더 조용하게 주일예배를 드릴 수 있는 공간을 찾기 시작했습니다. 그때 마침, 동료 목사님이 사무실 공유 어플리케이션을 알려주었습니다. 그걸 통해 저는 주일날 두 시간 정도만 쓸 수 있는 장소를 섭외하여 구체적인 교회 개척을 생각하게 되었습니다.

●

또 미리 정하신 그들을 또한 부르시고 부르신 그들을

또한 의롭다 하시고 의롭다 하신 그들을

또한 영화롭게 하셨느니라(롬 8:30).

거리에서 상담을 하다 보면 가끔 하나님에 대해 궁금해하는 사람들이 있습니다. 대부분 삶의 막다른 골목에서 답을 찾지 못하고 고통스러워하는 이들입니다. 사는 게 너무 힘들어 저에게 종교를 소개해 달라고 요청하기도 합니다.

하나님은 이처럼 심령의 고통으로 마음이 낮아진 사람을 불러서 하나님의 자녀로 삼아 주십니다. 이런 복음의 현장을 경험하는 것만도 저에겐 얼마나 큰 은혜요, 감사인지 모르겠습니다. 하나님은 상처 입은 한 사람을 위한 사역의 현장에 상처에서 회복된 사람을 사용하시는 것 같습니다. 많은 성도가 모여 있는 유형의 교회가 아닌, 어디든지 부르신 자리에서 내가 만난 사람을 소중히 여길 때 하나님은 그 어떤 사역보다 귀하게 보시는 것 같습니다.

  한 사람을 통한 하나님의 부르심을 보는 일, 그 사역에 함께하는 것 자체가 영광이요, 참기쁨입니다.

딸이 영영 깨어나지 못하면 어떡하죠?

고민 듣기 사역이 점점 알려지면서 방송 프로그램에 출연하게 되었습니다. CBS 채널의 '더 콜링'이라는, 현장 사역자를 소개하는 다큐멘터리였습니다. 방영시간은 20분 정도인데, 촬영은 10시간 정도 되었습니다. 먼저 촬영팀들이 저의 사역 현장에 직접 나와 취재를 한 후, 제가 섬기는 교회와 이 사역이 보급되고 있는 다른 교회에 대한 소개로 이어지는 내용이었습니다.

그날 촬영을 위해 현장에 감독님이 함께 대기 중이었는데 슬그머니 걱정이 되었습니다. 내담자와 상담하는 장면을 촬영해야 하는데 가끔 아무도 안 올 때가 있기 때문입니다.

방송 분량이 나오지 않을까 걱정하고 있던 차, 감사하게도 내담자가 찾아왔습니다. 60대 중반으로 보이는 여성이었는데, 앞자마자 왈칵 눈물을 쏟아 냈습니다.

"딸 때문에 마음이 너무 아파요. 딸이 둘인데 둘째가 얼마 전에 출산하다 의식을 잃고 아직도 못 깨어나고 있어요. 손주를 제가 데리고 있는데 딸이 영영 못 일어나면 어쩌나 걱정돼서 밤에도 잠이 안 와요."

할머니는 너무나 황망하고 속상해서 쓰러지기까지 하셨답니다. 신앙은 가지고 있지만, 이런 기막힌 일을 다른 사람들에게는 잘 이야기하지 못했습니다. 너무 화가 나고, 하나님이 왜 자신에게 이런 일을 겪게 하시는지 도무지 이해되지 않았습니다.

할머니가 연신 흐르는 눈물을 닦으셨습니다. 그 모습에 저도 마음이 아파 눈물이 났습니다. 이 장면을 촬영하던 감독님도 마찬가지였습니다. 어떤 말도 그분께 위로가 되지 않을 것 같았습니다. 너무 힘들어하셔서 그저 같이 울 수밖에 없었습니다.

'기약 없이 누워만 있는 둘째 딸은 언제 일어날 수 있을까? 예쁜 아이를 언제나 볼 수 있을까? 누가 이 문제를 책임져야 할까? 아이는 언제쯤이나 엄마의 가슴에 안겨 볼 수 있을까?'

아무런 약속도 없고, 누구도 장담해 줄 수 없었습니다. 저는 그저 기도밖에는 달리 도움을 드릴 방법이 없는 것 같아 정말 죄송하다고 말씀드리며, 함께 기도해도 괜찮을지 물었습니다.

다행히 허락해 주셔서 저희는 함께 두 손을 모으고 우리의 창조주 되시는 하나님께 간절히 기도했습니다.

"…우리 생명의 주인 되시는 하나님 아버지, 이 가족이 이 고통에서 하루속히 벗어나게 해 주시길 기도합니다. 둘째 딸이 의식을 회복해 예쁜 아기의 얼굴을 보고 환하게 웃을 날이 곧 올 수 있도록 은혜를 내려주십시오. 이 상황을 지켜보는 가족들에게도 힘과 능력을 주셔서 이 어려움을 잘 견딜 수 있도록 도와주십시오……."

기도가 끝나자 그분은 감사하다는 인사와 함께 느린 걸음으로 걸어가셨습니다. 소망이 보이지 않는 암흑 속에서 이 가족이 소망을 얻게 되기를, 멀어져 가는 그분의 뒷모습이 보이지 않을 때까지 저는 마음속 기도를 멈출 수 없었습니다.

●

우리에게 있는 대제사장은 우리의 연약함을
동정하지 못하실 이가 아니요 모든 일에 우리와 똑같이 시험을
받으신 이로되 죄는 없으시니라(히 4:15).

예수님은 우리와 같은 연약한 육체로 이 땅에 오셨습니다. 부잣집이나 황제의 아들로 태어나신 것도 아닙니다. 목수의 맏아들로 태어나 어릴 때부터 가난하게 사셨습니다. 서른 셋, 사역을 시작하시면서도 머리 누일 곳 하나 없을 정도로 고난을 자처하며 사셨습니다. 그렇다고 친구들 중에 사회적으로 성공한 재력가나 권력자들이 있는 것도 아니었습니다. 지금으로 치면 소위 좋은 인맥도 없고, 집안에 유력한 권력자도 없었습니다. 명색이 하나님의 아들인데 말입니다.

예수님은 언제나 가난하고 힘들고 외로운 사람들의 이웃이 되어 주셨습니다. 그들은 예수님을 친구라고 생각했습니다. 만약 지금 다시 이 땅에 오신다 해도 예수님은 가장 어렵고 소외되고 누구도 돌보지 않는 사람들에게 가셔서 함께 먹고 마실 것이라고 생각합니다.

이 시대에 선교는 무엇일까요? 심령이 가난한 사람들, 소외되고 그늘진 곳에서 신음하는 사람들의 친구가 되는 것입니다. 도시 속 교회는 화려한 대리석과 높은 종탑을 갖춘 멋진 건축물로 지어진 경우가 많습니다. 가난하거나 허름한 옷을 입은 사람이 그 교회에 들어가기가 주저되는 것이 현실입니다.

교회가 길에서 우는 사람들의 친구가 돼 줄 수 있을까요?

지금도 길에서 막막한 심정을 풀어놓을 데가 없어서 멍하니 빈 하늘만 쳐다보는 사람들이 얼마나 많은지 모릅니다. 그 누구의 잘못도 아닌, 전혀 예상하지 못한 사건과 사고로 먹먹한 가슴만 부둥켜안고 살아가는 사람들도 많습니다. 누가 그들의 친구가 되어 줄 수 있을까요?

비록 우리가 많은 사람을 섬기지는 못한다고 하더라도, 작은 몸짓으로 예수님의 걸음을 따라간다면 분명 하나님은 크게 기뻐하실 것입니다.

어머니께 처음으로 고백하는 말

　감사하게도 파라솔처치 사역 덕분에 CTS에서 진행하는 '내가 매일 기쁘게'라는 프로그램에 출연하게 되었습니다. 저의 인생도 평탄하지 않은, 굴곡진 언덕과 골짜기를 많이 거쳐 왔다는 사실을 새삼 다시 발견하는 시간이었습니다.

　사실 아직도 아물지 않은 상처와 아픔이 여전히 제 평생의 숙제로 남아 있습니다. 그러나 상담은 건강한 사람이 하는 것이 아니라, 아파서 신음해 본 경험이 있는 사람이 자신보다 조금 더 아픈 사람의 이야기를 들어 주며 공감하는 것입니다. 그러면서 함께 하나님 앞에서 길을 찾아가는 여정이기도 하고요. 저는 방송을 준비하며 그런 저의 여정을 돌이켜보게 되었습니다.

앞서 저는 사랑한다는 고백을 하지 못한 채 떠나보내야 했던 어머니에 대한 이야기를 나누었습니다. 그 죄송함은 아마 천국에 갈 때까지 계속 이어질 것입니다.

그런데 CTS 방송을 통해 감사한 기회가 주어졌습니다. 제 삶의 스토리를 말하는 중에 어머니에게 하지 못한 "사랑합니다"라는 고백을 할 수 있게 해 주신 것입니다. 당시 방송 진행자였던 김지선 씨가 "어머니가 지금 천국에서 보고 계실 겁니다. 차마 하지 못한 말, 지금 한번 해 보시면 어떨까요?"라고 말씀하셨습니다.

대본에도 없었고 사전에 들은 바도 없던 터라 갑작스런 요청에 조금 당황하기도 했습니다. 그런데 그 짧은 시간에 어머니가 너무 보고 싶어졌고 죄송함과 못다한 고백에 안타까운 마음이 교차하면서 가슴이 두근거렸습니다.

"어머니… 사랑합니다!"

떨리는 목소리로 방송 중에 어머니를 향한 사랑을 표현하고 나서 저는 한동안 힘든 시간을 보냈습니다. 과거 아물지 않은 여러 사건들과 다시 직면한 것도 그랬지만, 무엇보다 사랑한다는 말을 직접 들려 드리지 못한 죄송함이 크게 다가왔습니다. 언젠가 어머니를 뵐 날이 오겠지만, 이 땅에서 어머니에게 진 빚은 그 무엇으로도 갚기 어려울 것입니다.

"우리 아들 목사 되게 해 주세요."

이 기도는 생전의 어머니께서 막둥이 아들을 위해 하셨던 평생의 기도였습니다. 어릴 때는 이 기도가 정말 싫었습니다. 그러나 어머니의 이 기도 때문에 제가 지금껏 믿음 안에 살아올 수 있었음을 이제는 압니다. 막내아들의 원망과 냉정한 거부에도 사랑과 기도를 멈추지 않으셨던 나의 어머니께 다시 한번 이 지면을 통해 고백해 봅니다.

"어머니, 사랑합니다."

하나님의 사랑이 우리에게 이렇게 나타난 바 되었으니 하나님이 자기의 독생자를 세상에 보내심은 그로 말미암아 우리를 살리려 하심이라(요일 4:9).

사람은 무엇이 있어야 살 수 있을까요?

음식도 있어야 하고, 집도 있어야 합니다. 친구도 있어야 하고, 직장도 있어야 합니다. 많은 것이 필요하지만 정말 꼭 필요한 한 가지를 꼽으라면 무엇일까요? 아마도 그것은 사랑일 것입니다. 사랑 하나만으로는 살 수 없겠지만, 사랑이 없으면 다른 환경이 충족된다 해도 살 수 없습니다. 좋은 집에 살고 맛있는 음식을 먹더라도 사랑이 충족되지 않는다면 사람은 불안과 두려움, 소외와 공포 속에서 오래 견디기 힘듭니다.

사랑은 두려움을 이기고 평안을 주며 세상을 향해 도전할 수 있게 만들어 줍니다. 아픈 사람을 공감하고 돌보며 다른 생명을 위해 수고하는 능력까지 공급해 줍니다.

성경은 하나님이 사랑이시라고 말합니다. 이 세상에서 경험하는 모든 종류의 사랑은 하나님의 사랑에서 시작되었습니다. 비록 타락했다고 하더라도, 부모의 사랑은 하나님의 형상에서 비롯된 창조의 일부입니다. 우리는 부모의 사랑 안에 태어나고, 사랑 안에서 성장합니다. 이 사랑은 사람이 죽을 때까지 필요합니다.

그러나 궁극적으로 인간의 사랑보다 더 결정적이고 영원한 사랑만이 인간을 가장 복되게 할 수 있습니다. 저도 부모의 사랑 안에서 성장했지만, 인간의 죄성으로 이것을 부정할 수도 있고 때로 왜곡된 환경으로 인해 사랑을 미움으로 오해하게도 합니다.

하나님의 사랑은 그러한 왜곡된 관계와 아픈 상처에서 우리를 회복시켜 줍니다. 이 사랑만이 모든 사회적 관계와 가족 관계를 온전히 회복시킬 수 있습니다.

저 또한 이 사랑이 있었기에 늦게나마 어머니를 향한 마음을 고백할 수 있었고, 소외된 분들을 섬길 수 있었습니다. 오직 하나님의 사랑만이 우리를 살게 합니다.

3부

미래가 보이지 않을 때

오직 소망은 하나님께 있다

내일을 장담할 수가 없어요

"저기요, 혹시 얘기 좀 해도 됩니까?"

지나가던 아저씨가 텐트에 머리만 들이민 채 물었습니다. 죄지은 사람마냥 잔뜩 겁에 질린 표정이었습니다. 저는 책을 보다가 얼른 일어나 자리를 권했습니다. 겨울 찬바람처럼 쌀쌀한 기운이 맴도는 얼굴은 꼭 평생 웃어 보지 못한 듯 보였습니다.

"고민을 말씀하시면 마음이 좀 힘을 얻게 될 거예요."

저는 최대한 밝고 친절하게 말하며 준비한 음료를 권했습니다. 그는 한숨부터 내쉬었습니다.

"사실 고민을 듣는다는 현수막이 걸려 있길래 한 시간을 서성거렸어요. 전철역으로 내려갔다가 다시 올라오고, 들어갈까 고민하다가 다시 야탑역 광장 한 바퀴 돌고. 다시 전철역으로 네 번이나 내려갔다가 들어온 거예요."

그는 다리를 조금 절룩거렸는데 병원에 다녀오는 길이었습니다. 40대 후반인 그는 아직 결혼을 못했습니다. 부모님 때문에 결혼도 못하고 모든 수입과 가정생활을 자신이 다 책임져야 했습니다.

"부모님을 모시고 사는데 두 분 모두 오래전부터 알코올성 치매를 앓고 계시거든요. 어머니가 술을 마시고 한번 나가면 집을 잘 찾아오지 못하세요. 그래서 직장에서 일하다가도 급하게 집에 가야 하는 일이 잦아요. 아버지도 마찬가지고요."

그의 월급은 대부분 생활비로 들어갔습니다. 부모님의 약값이나 병원비도 아들인 그가 모두 부담하고 있었습니다. 도움을 받을 수 있을까 싶어 동네 복지관에 이야기해도 술을 마시지 않으면 별 이상이 없으니 치매 진단이 나오지 않았습니다. 주변 친척과도 끊어진 지 오래여서 도움을 받을 지인이 아무도 없었습니다.

"다리는 어쩌다 다치셨어요?"

"제가 현수막이랑 실사를 출력하는 작은 회사에 다니는데요. 얼마 전에 옥외 현수막 작업을 하려고 탑차에 올라갔다가 작업하고 내려오는 길에 그만 발을 헛디뎠어요. 무릎 인대가 상해서 계속 치료를 받으러 다니고 있어요. 작은 회사라 제대로 보상도 못 받고 치료비도 안 나와요. 주로 야외에서 일하는데 아무래도 일하는 속도가 느려지다 보니 직장에 눈치가 많이 보이네요."

그는 혹시 해고를 당하면 어쩌나 불안해했습니다. 직장을 나오면 아픈 다리로 다른 곳에 취업을 할 수 있을지, 부모님께 들어가는 생활비와 병원비 등을 어떻게 감당할지, 고민이 끝이 없었습니다.

"친구들은 다들 결혼해 가정을 꾸리는데 저한텐 그저 먼 나라 이야기에요. 더이상 미래도 안 보이고 사는 게 너무 막막해요. 요즘은 문득문득 죽고 싶은 생각까지 들어요."

그는 결국 눈물을 보였습니다. 그의 이야기 속에는 어떤 소망도, 희망도, 삶의 이유도 없어 보였습니다. 이대로 살다가는 부모님은 물론 본인의 삶도 장담할 수 없었습니다. 울먹이는 그의 모습에 저도 마음이 너무 아팠습니다.

한 시간 넘게 이야기를 듣고 나니 어떻게 해서든 그를 돕고 싶다는 마음이 생겼습니다.

"제가 혹시 도움을 드릴 게 있는지 알아봐 드려도 될까요? 지금 부모님을 도울 수 있는 기관은 제 생각에 교회인 것 같아요.

제가 무조건 교회만 나오라고 전도하는 것은 아니니 오해는 하지 마세요. 지금 국가 기관에서 도움을 받기 어려운 사각지대에 계시는 것 같은데 이런 경우 교회가 상당히 도움이 될 수 있거든요. 일단 부모님께 도움이 될 수 있는 관련 팀을 소개해 드려도 될까요?"

저는 복지 관련 팀이나 담당자가 있는 교회 중에 얘기해 볼 수 있는 비슷한 연배가 있는 교회를 생각해 봤습니다. 친구 하나가 부목사로 있는 교회가 떠올랐습니다.

그런데 그분이 기뻐하면서 하는 말이 마침 이번 주일에 친구를 따라 '하나님의교회'에 가볼까 생각하는 중이었다는 것입니다. 도움을 얻을 수 있을까 해서요. 하마터면 이단에 발을 디딜 뻔한 그의 상황을 막게 돼 얼마나 감사했는지 모릅니다.

저는 그 자리에서 바로 친구 사역자에게 전화를 걸어 자초지종을 이야기했습니다. 친구는 바로 준비해 놓겠다는 답을 해 주었고 감사하게도 그날 저녁 교회로부터 반가운 소식을 듣게 되었습니다.

●

우리가 살아도 주를 위하여 살고

죽어도 주를 위하여 죽나니

그러므로 사나 죽으나 우리가 주의 것이로다(롬 14:8).

복음을 모르는 사람들은 인생의 고난 가운데서 막다른 길에 몰리면 죽음을 생각합니다. 깊은 고독 속에 위로자는 없습니다. 죽음이 마지막 도피처라고 여깁니다. 어쩌면 모든 것을 끝내고 싶은 절망은 참된 쉼에 대한 또 다른 갈망일지 모릅니다. 그러나 그것은 쉼이 아니라, 영원한 저주요, 영원한 심판이니 얼마나 안타까운 일인가요?

저를 찾아온 그의 깊은 한숨과 고민을 들으면서 참생명이 없는 사람들의 절규를 보게 되었습니다. 무엇으로 이 절규를 끝낼 수 있을까요? 세상에는 답이 없습니다. 인생의 절규를 끝낼 수 있는 답은 오직 복음밖에 없습니다.

하나님이 우리와 함께 하시고 위로자가 되시며, 힘들 때마다 성령을 통해 힘과 능력을 더해 주신다는 진리는 얼마나 감사한지 모릅니다. 하나님 안에 있는 인생은 결코 나 홀로 인생의 짐을 지고 가지 않습니다. 하나님의 자녀로 인정받는 순간, 전능하신 창조주께서 나와 영원토록 동행하시는 아버지가 되어 주십니다. 이 진리를 선포하기 위해서 우리를 부르셨습니다.

지금도 두 시간에 세 명씩 아까운 인생을 스스로 끊어내고 있습니다. 복음이 이 땅에 다시 한번 선포되어 고독 속에 죽음의 도피처를 향해 달려가는 이들의 손을 붙잡아 주어야 합니다.

며칠 후 들은 이야기로는, 그분이 먼저 교회에 나가서 친구 사역자와 만나 상담을 했고 교회 복지팀 몇 분이 가정을 방문해 도움을 주었다고 합니다. 놀랍게도 그는 그 후로도 계속 교회를 다녔고, 부모님도 교회의 도움으로 이전보다 다소 안정을 찾게 되었습니다. 하나님이 한 영혼을 부르시는 과정이 얼마나 놀라운지 다시 한번 경험하게 된 일이었습니다.

너무 미운 아빠

날이 어두워지고 이제 막 그날의 상담을 접으려고 자리에서 일어선 순간이었습니다.

"들어가도 돼요? 고민을 들어 준다길래 와 봤어요."

대학생으로 보였는데, 술 냄새가 풍겼습니다. 말투는 제법 분명해서 대화는 가능하겠다 싶어 자리를 권했습니다.

"집에 들어가기가 무서워서요. 저희 아빠가 너무 무서운 사람이거든요."

그녀가 어릴 때부터 아빠는 술만 마시면 집에 와서 행패를 부리고 가족을 때렸습니다. 특히 딸인 자신을 너무 미워해서 아빠에게 이유도 없이 맞을 때가 많았습니다. 폭력의 수위가 심각했습니다. 한번은 아빠에게 맞아서 정신을 잃었는데 깨어나 보니 병원이었습니다.

"경찰까지 불렀는데 그 후로 더 심하게 때렸어요. 친구 집에 며칠 피해 있다 들어가면 또 때리고… 지금도 맞아서 얼굴에 흉이 이렇게……."

그녀는 결국 울음을 터트렸습니다.

상황이 너무 심각해서 자세한 상담을 진행하기 어려웠습니다. 정서적인 장애도 분명 있을 듯해 병원이나 기관에 도움을 청하는 것이 좋겠다고 하자, 이미 정신과 병원에서 우울증 진단을 받고 약도 복용 중이라고 했습니다.

"매일 무서운 환경에서 살다 보니 자꾸 무기력해져요. 감정 기복도 심해지고, 우울해서 자주 술을 먹게 돼요. 제 인생이 계속 이렇게 흘러갈 거 같아 무섭고, 차라리 죽는 게 낫겠다 싶고요. 이런 얘길 누군가에게 털어놓기도 힘들었는데… 처음이에요, 남 앞에서 이런 얘기해 보는 거. 그래도 여기서라도 털어놓을 수 있어 좋아요."

그녀는 고맙다는 인사를 연거푸 하며 이미 어둠이 내린 거리로 나섰습니다. 혹시 오늘 밤에도 아버지에게 맞지는 않을지 많이 걱정되었습니다.

20대, 인생의 꽃 같은 나이에 벗어나기 어려운 가정 폭력으로 매일 두려움에 떨어야 하는 그 삶이 너무 가여웠습니다. 꽃이 피기도 전에 꺾여 버린 듯 미래가 안 보이는 삶, 그 불안한 날들 가운데 고민을 들어 준 한 사람이 있었다는 기억이 그녀에게 작은 희망이 되기를 기도했습니다.

●

형제들아 우리가 아시아에서 당한 환난을 너희가 모르기를 원하지 아니하노니 힘에 겹도록 심한 고난을 당하여 살 소망까지 끊어지고 우리는 우리 자신이 사형 선고를 받은 줄 알았으니 이는 우리로 자기를 의지하지 말고 오직 죽은 자를 다시 살리시는 하나님만 의지하게 하심이라(고후 1:8-9).

긴 인생의 여정에서 고난의 파고를 한 번이라도 맞지 않은 사람은 없을 것입니다. 겉으로 볼 때 다 채워져 있는 사람도 마찬가지입니다. 하나님을 모르는 사람뿐 아니라 믿음이 좋은 사람도 고난을 피해갈 수는 없습니다.

목숨도 아끼지 않고 예수님을 전했던 영적 거장 사도 바울도

"살 소망까지 끊어질" 정도로 심각한 고난에 처한 적이 있었습니다. 실제로 거리 상담에서 만나는 이들 중에는 믿음을 가진 사람들도 적지 않습니다.

그러나 하나님을 믿건 안 믿건, 그들이 상담소를 찾은 동일한 주제는 '삶의 고통'이었습니다. 갑작스럽게 찾아온 고통이 오랫동안 자신의 어깨를 짓눌러, 살고 싶지 않은 마음으로 허공을 바라보는 이들이 많았습니다. 그들에게 단순히 힘을 내라는 상투적인 말은 오히려 실례가 될 정도입니다. 단지 같은 공간과 시간을 살아가는 한 사람으로서, 그 아픔을 헤아려주고 잠시나마 고통의 기억 속에 함께 머물러 주는 것이 그들에겐 무엇보다 작은 위로였습니다.

앞서 가정 폭력으로 삶이 어두워진 20대 여대생 역시 제가 할 수 있는 일이란 들어 주는 것뿐이었습니다. 제가 그 가정을 당장 변화시킬 수도 없습니다. 하지만 소망이 없는 것은 아닙니다. 그 여대생이 하나님 안에 거한다면 하나님이 도와주실 수 있습니다. 인생에서 넘을 수 없는 산과 같은 고통이 찾아오더라도 하나님은 이 모든 환경을 이기게 하실 수 있습니다.

제가 이렇게 단언할 수 있는 이유는 제 삶이 그것을 직접 경험했기 때문입니다. 저 또한 그 여대생처럼 어릴 때부터 공포

분위기에 노출되어 있었습니다. 고등학생 때는 우울증으로 불면을 겪고 불안감 때문에 방에 있는 모든 물건을 줄에 묶어 놓고 잘 정도로 힘겨운 시절을 보냈습니다. 학교에서 별명이 "송장"일 정도로 무표정하고 차가운 인상을 가지고 있어 누구도 저에게 다가오지 못했습니다.

그러다 고등학교 3학년, 교회 겨울 수련회에 참석하면서 하나님의 사랑을 경험하게 되었습니다. 살면서 한 번도 느껴보지 못했던 크고 놀라우신 그 사랑 안에 잠겨 얼마나 울었는지 모릅니다. 저는 그 자리에서 많은 죄를 회개하며 하나님의 깊은 은혜를 구했습니다. 그 뒤 하나님의 치료와 회복의 손길이 이어졌고, 수많은 믿음의 선배와 친구들을 통해서 삶이 단단해지며 지금의 사역자가 되기에 이르렀습니다.

하나님은 완전한 사람을 쓰시는 것이 아니라, 고장 난 사람을 고쳐서 온전하게 사용하십니다. 고장 난 흔적들이 고스란히 남아 있지만, 그것 역시 자신과 똑같이 고장 나서 작동이 어려운 사람들을 돕는 데 사용됩니다. 만약 그 여대생이 하나님을 깊이 만나게 된다면 하나님이 그분을 어떻게 아름답게 사용하실지 모를 일입니다.

삶의 소망은 멀리 있지 않습니다. 내 말을 들어 주고 함께 나눌 한 사람만 있어도, 더 나아가 나와 영원히 함께 하시는 하나님을 안다면 소망은 이미 우리 곁에 있습니다.

**여호와의 산에서
준비되리라**

 거리 상담을 위해서 들고 다니는 짐이 있습니다. 의자 두 개, 파라솔, 테이블입니다. 나중에는 캐노피 텐트로 바꾸면서 장비가 더 많아졌습니다.

 이 장비를 처음에는 집 베란다 한쪽에 쌓아 두었다가 차로 옮겨와서는 야탑역 광장에서 조금 떨어진 곳에 주차를 하고 수레에 실어서 끌고 다녔습니다. 그렇게 왕복 2km를 끌고 다니다 보니 저녁에 집에 오면 너무 피곤했습니다. 사정을 들은 인근 교회 목사님이 장비들을 맡겨 놓고 다니라며 교회 비밀번호와 창고 일부분을 내어 주셨습니다.

　이 사역은 그야말로 아무도 해 보지 않았던 사역이고, 처음에는 어느 누구도 관심이 없었습니다. 외적으로 보면 의자 두 개, 파라솔, 테이블 하나를 야탑역 광장에 펼치고 홀로 앉아 있는 게 전부인 사역이었습니다. 그런데 점점 도움의 손길들이 늘어났습니다. 하나님은 적재적소에 딱 필요한 만큼만 제게 도움의 손길을 보내주셨습니다.

　장비를 보관할 장소가 필요하다고 기도했을 때 그 다음 주 지인 목사님을 통해 보관 장소가 마련되었고, 페이스북에 저의 사역을 올리자 함께 도시 선교를 공부했던 교수님이 갑자기 방문해 학생들과 지인들에게 소개를 해 주셨습니다. 이 일은 자연스럽게 사역이 알려지는 계기가 되었습니다.

　한 번도 만난 적 없는 권사님들이 찾아와 선교비를 두고 가기도 하셨고, 사역을 끝내고 허기진 배로 돌아갈 때 딱 맞게 도착해 저녁을 공급해 주신 일도 너무나 많았습니다.

　특히 전혀 생각지도 못했던 신문과 방송에까지 사역이 소개되기 시작했습니다. 많은 분의 관심과 격려에 그저 놀랄 뿐이었습니다. 기독교연합신문부터 국민일보, CTS '내가 매일 기쁘게', CBS '더 콜링'에 이르기까지 고민 듣기 사역이 집중적으로 소개되는 일들이 일어났습니다.

사실 이 무렵 저는 사역에 조금 지쳐 있었습니다. 혼자서 두세 분씩 상담하다 보니 내적 소모가 컸습니다. 상담 공부를 하면서 나중에 알게 되었는데, 상담자 혼자서 하루에 여러 명을 시간제한 없이 상담하는 일은 매우 위험했습니다. 상담자 본인의 내적 에너지 고갈이 심해질 수 있고, 고통스러운 내담자의 사건을 계속 듣다 보면 간접적인 트라우마를 겪을 수 있기 때문입니다.

저 역시 상담 후 집에 돌아와서도 상담의 잔상이 남아 눈물을 흘릴 때가 한두 번이 아니었습니다. 그래서 사역을 조금 쉬거나 그만두어야겠다고 생각하던 차에, 신문과 언론을 통해 알려지기 시작했고 많은 사역자들이 찾아와 격려와 응원을 보내준 것입니다. 사역으로 소진한 에너지보다 격려와 응원으로 채워진 에너지가 훨씬 더 클 정도였습니다.

하루는 상담을 전문으로 사역하시는 전도사님이 친한 권사님과 방문해 정기적인 후원뿐만 아니라 너무나 가슴 벅찬 위로와

격려를 해 주셨습니다. 저보다 더 많은 시간 동안 상담을 해오신 전도사님과의 지속적인 교제를 통해 얼마나 많은 은혜를 받았는지 모릅니다. 한 사람의 고민을 듣기 위해 사역하는 저의 노력을 불쌍히 여기시는 하나님의 마음이 느껴졌습니다.

교회를 개척한 후, 예배 드릴 장소를 구하지 못했던 때도 있었습니다. 매주 도서관의 세미나실을 빌려서 예배를 드리고 있었는데 그만 쫓겨나는 바람에 당장 다음 날 주일예배를 드릴 장소가 없었습니다. 그런데 상담소를 찾으신 전도사님이 사정을 들으시고는 그 자리에서 바로 예배 장소를 안내해 주셨습니다. 다음 날 주일에 성도님들과 함께 예배 장소에 갔더니 초면임에도 불구하고 담임 목사님이 너무나 반갑게 맞아 주셨고, 무상으로 1년간 장소를 제공해 주셨습니다.

이외에도 고민 듣기 사역은 놀라운 기적의 연속이었습니다. 어떻게 이런 일이 일어났는지 무엇으로도 설명하기 힘듭니다. 우연이라고 하기에는 너무나 많은 필연적인 결과로 이어졌습니다. 그저 하나님이 저를 불쌍하게 여기셔서 격려와 위로를 허락하신 것이라고 가늠해 볼 따름입니다.

"아브라함이 그 땅 이름을 여호와 이레라 하였으므로 오늘날까지 사람들이 이르기를 여호와의 산에서 준비되리라 하더라"(창 22:14).

아브라함이 하나님의 말씀에 순종해 아들 이삭을 바치려 하자 하나님이 급하게 멈추도록 명령하시면서 이삭을 대신할 어린양을 주셨습니다. 이 양은 하나님께서 미리 예비해 두신 것이었습니다. 하나님은 이 사건을 통해 자신을 향한 아브라함의 견고한 믿음을 확인하셨습니다.

처음부터 아브라함에게 이런 믿음이 있었던 것은 아닙니다. 그도 우리처럼 얼마나 많은 실패를 경험했는지 모릅니다. 그러나 신실하신 하나님은 연약한 아브라함을 포기하지 않으셨고 수많은 기회를 허락하셔서 마침내 믿음의 조상이 되게 하셨습니다.

제가 고민 듣기 사역을 할 수 있었던 것도, 오랜 기간 많은 고난을 통해 저를 연단시키시며 믿음의 고백을 이끌어내신 하나님의 은혜가 있었기에 가능했습니다. 이 사역이 사람들에게 알려지고, 놀라운 기적들을 경험하게 하신 것 역시 하나님의 계획과 예비하심이었음을 고백합니다. 저는 그저 은혜를 입은 무익한 종임을 고백하며 오늘도 하나님이 열어주시는 만큼만 걸어갈 뿐입니다.

거리에서 일한 지 15년째랍니다

"목사님, 장에 좋은 요구르트예요. 드시고 일하세요."

하루는 광장에서 요구르트를 판매하고 있던 아주머니가 음료를 건네주셨습니다. 고민을 듣기 위해 전철역 광장에 나오면 구석에서 항상 먼저 자리를 잡고 있는 요구르트 아주머니가 계십니다. 상담 사역을 시작할 때 먼저 상인분들과 친해져야겠다고 생각해 제일 먼저 다가갔던 분입니다.

첫날 저는 아주머니로부터 제일 비싸 보이는 음료 두 개를 구매했습니다. 하나는 제가 먹고 남은 하나는 다시 아주머니에게 드리기 위해서였죠. 음료 한 병을 다시 드리자 아주머니는 많이 당황해하셨습니다. 혹여나 이상한 아저씨로 오해하실까 봐 제 직업과 광장에 나온 이유에 대해 상세히 설명했더니 곧 안심하는 표정을 지으시더군요.

그 후로도 저는 사역을 시작하기 전 꼭 음료 두 개를 사서 하나는 제가 먹고 하나는 그분께 드렸습니다. 그런 시간들이 쌓이며 대화를 자주 나누다 보니 아주머니도 제가 하는 사역에 많은 관심을 가지고 공감해 주셨죠. 거리에서 혹한기, 혹서기에 버티는 요령부터 때로는 자신의 얘기도 들려주셨습니다.

"거리에서 일한 지 15년 정도 된 것 같아요. 새벽부터 나와 저녁까지 일하려면 다리도 아프고 힘에 부치지만 그래도 혼자 일하며 자식 둘 다 대학까지 보냈어요."

대화 중에 남편에 대한 언급은 없었지만 굳이 물어보지 않았습니다. 이미 표정에 고난의 세월이 할퀴고 간 흔적이 남아 있었기 때문입니다. 아주머니는 음료를 마시면서 자녀들을 키울 때 힘들었던 이야기를 아무렇지 않게 툭툭 던지곤 했습니다.

그렇게 매주 이야기를 나누며 친해지다 보니 아주머니가 동역자 같다는 생각이 들었습니다. 아주머니는 늘 제가 하는 사역에 대한 격려를 아끼지 않았고 어느 때는 자신에게 음료를 사러 오는 할머니를 저에게 연결해 주기도 했습니다. 음료를 구매하며 가끔씩 아주머니에게 하소연을 하는 사람들이 있었기 때문에 그런 사람들을 저에게 소개시켜 준 것이죠.

부지런한 아주머니의 하루는 이른 새벽부터 시작됩니다. 배달이 끝나는 오전 9시부터 남은 요구르트와 음료들을 큰 아이스박스에 담고 전철역 광장 한 귀퉁이에서 판매를 이어갔습니다. 해 뜰 때부터 땅거미가 질 때까지 종일 거리에 서 있는 것이었죠. 그럼에도 아주머니의 용모는 늘 단정했습니다.

가끔 그분을 보면 거리에 나와 고민 듣기 사역을 하는 저의 고생은 아무것도 아닌 것 같습니다. 오랜 시간 비가 오나 눈이 오나 한자리에서 묵묵히 일하는 모습이 존경스럽기까지 했습니다. 아주머니는 유니폼으로 모자를 쓰고 있는데 한여름엔 이마와 얼굴색이 확연히 다릅니다. 모자에 가려진 부분은 하얗고, 드러난 얼굴은 그을려 있습니다. 최대한 얼굴을 가리고 선크림도 바르지만 하루 종일 노출된 피부의 노화를 피할 수는 없는 것이었죠.

생계를 위해 여성으로서의 아름다움은 신경 쓸 기력도 없이 일하시는 아주머니의 모습을 보면서 많이 반성했습니다. 먹고 마시는 일을 위해서도 이렇게 수고하며 인내하는데, 영원한 생명을 위해 일하는 저에게는 과연 주님을 위한 무슨 고난의 흔적이 있을까, 생각하니 참 부끄러웠습니다.

> 나는 이제 너희를 위하여 받는 괴로움을 기뻐하고
> 그리스도의 남은 고난을 그의 몸된 교회를 위하여
> 내 육체에 채우노라(골 1:24).

우리는 지금, 과거에 한 번도 접해 보지 못한 놀라운 경제 발전과 높은 생활 수준을 경험하고 있습니다. 그러나 하루가 다르게 발전하는 세상인 만큼 자신도 돌보지 못한 채 매일을 치열하게 버텨야 살아갈 수 있는 현실이기도 합니다.

목표를 정하고 최선을 다해 살아가는 것은 물론 아름다운 일입니다. 그러나 달려가기에 앞서 한 가지 잊지 말아야 할 것은 이 고단한 삶이 어디를 향해 가고 있느냐를 점검하는 것입니다. 배에 탄 사람들이 열심히 노를 젓고 빠르게 항해를 하고 있는데 정작 방향이 틀렸다면 그 노력은 모두 헛될 뿐이니까요.

어디를 바라보고 가야 참 행복에 이를 수 있을까요?

무엇을 바라보고 가야 참 평안에 이를 수 있을까요?

내가 추구해야 할 최고의 가치는 무엇일까요?

만약 그 답을 하나님 없는 이 세상의 것에 두고 있다면, 넓은 평수의 집과 좋은 학벌, 좋은 차, 높은 연봉에 두고 있다면 이보다 허무한 인생은 또 없을 것입니다.

또한 남의 것을 욕심 내지 않고, 가정의 평안과 행복만을 바라며 열심히 살아가는 분들 역시, 하나님이라는 최고의 가치를 발견해야 합니다. 그분들이 피땀 흘려 이루고자 하는 것이 알고 보니 결국에는 사라지고야 마는, 영원한 행복을 주지 못하는 무용한 것이 아니어야 하니까요. 영원한 가치는 바로 하나님을 아는 것입니다. 하나님만이 이 땅의 모든 고난과 고통을 끝낼 전능자이시라는 사실을 인정하고 믿는 것입니다.

그렇다면 사라질 가치들을 위해서 평생을 달려가는 사람들에게 우리 그리스도인들은 무엇을 줄 수 있을까요? 허무를 향해 질주하는 사람들을 어떻게 멈추게 할 수 있을까요?

우리가 빛과 소금으로, 도시를 새롭게 하는 일로 부르심을 받아 하나님의 일에 동참하는 방법밖에 없습니다. 하나님의 사랑은 하늘에서 떨어지지 않습니다. 방향을 잃은 사람들의 삶을 영원을 위한 방향으로 바꾸어 줄 임무와 책임은 우리에게 있습니다.

오늘도 새벽부터 저녁까지 거리에서 요구르트를 파는 아주머니를 보며, 고단한 하루하루를 성실히 살아가는 사람들이 꼭 하나님의 빛을 발견하기를, 그리고 이정표를 바꾸어 그곳으로 달려가기를 소망합니다.

나는 마포대교에 서 있었습니다

"이거 무료예요?"

추운 겨울임에도 슬리퍼를 신고 얇은 옷차림을 한 남성이 불쑥 들어옵니다. 그가 거침없이 자리에 앉더니 물었습니다.

"네, 무료 맞아요. 개인적으로 봉사하며 고민을 듣고 있어요. 어떤 이야기든 들어드릴 테니 부담 없이 말씀하세요."

술은 안 드셨는데, 마치 취한 모습의 그는 어딘지 모르게 불안해 보였습니다. 손과 발은 부르터서 하얀 각질이 일어나 있었습니다.

"지난 달에 내가 마포대교에서 투신을 했어요."

"네?! 아니 어떻게… 몸은 괜찮으세요?"

그 얘기도 놀라웠지만, 아무 일도 아닌 듯한 표정으로 말하는 그의 모습에 더 놀랐습니다.

"보다시피 이상은 없고요. 뛰어내리고 눈 떠 보니 병원이더라고요."

가족에 대해서 묻자 인연이 끊어진 지 오래되었다며 더 이상의 이야기는 하지 않았습니다. 사연이 많아 보였습니다.

"혼자 사는데도 먹고살기가 왜 이렇게 힘든지 모르겠어요. 취업도 너무 어렵고 어떻게 살아야 할지 너무 막막해요."

그 막막함이 삶을 압도하면서 그는 여러 번 자살을 시도했습니다. 저를 향해 내민 그의 왼쪽 손목에는 자해의 흔적이 선명했습니다.

"세 번이나 죽으려고 했어요. 근데 번번히 또 살아나고… 먹고 살 길은 막막한데 어떻게 해야 좋을지 모르겠어요."

말하는 중간중간 그는 깊은 한숨을 내쉬었습니다. 50대의 적지 않은 나이에 체격도 건장했지만 정신적인 힘은 어린아이처럼 약해 보였습니다. 조금이라도 마음의 힘을 주고 싶었던 저는 그의 과거에서 긍정적이고 힘이 될 만한 기억들을 찾아주고자 애썼습니다.

"예전에는 어떤 일을 하셨어요? 몸도 다부지고 젊었을 땐 꽤 힘이 좋으셨을 것 같은데요."

하지만 그가 계속 다른 이야기들로 흐름을 바꾸는 바람에 상담을 이어가기가 어려웠습니다.

"다 옛날 일이죠 뭐. 이젠 힘도 없어."

그는 본인이 하고 싶은 말을 다 하고 나자, 곧바로 슬리퍼를 끌고 나가버렸습니다. 오늘은 어디서 무엇을 드시고 어떻게 지내실까요? 그의 뒷모습을 바라보며 잠시 눈을 감고 기도했습니다.

"하나님, 저 아저씨의 영혼을 어루만져 주시고 불쌍히 여겨 주십시오."

●

수고하고 무거운 짐 진 자들아 다 내게로 오라

내가 너희를 쉬게 하리라(마 11:28).

거리에서 만나는 분들은 거의 대부분 인생의 짐에 눌려 숨조차 쉬기 어려워합니다. 극단적인 선택으로 그 짐을 내려놓으려 하지만 이 또한 마음대로 되지 않습니다.

우리 인생의 무겁고 고통스러운 짐은 도대체 어디서 온 것일까요?

성경은 인간의 고통이 어떻게 시작되었는지, 고통의 기원을 설명해 줍니다. 하나님은 자신의 형상대로 인간을 창조하시고 너무나 기뻐하셨습니다. 인간에게 피조물을 다스리는 권한까지 위임해 주셨습니다. 그리고 단 한 가지 명령을 내리셨습니다. 선악과를 먹지 말라는 것이었죠. 이 말씀 하나만 지키면 인간은 하나님을 창조주로 인정하고 자신이 피조물임을 인식하는 가운데 평화롭게 살 수 있었습니다.

그러나 인간은 하나님의 말씀을 어기고 선악과를 먹고 말았습니다. 이 사건은 인간에게 죄가 들어오는 계기가 되었고 죽음이라는 형벌을 가져왔습니다. 죄와 함께 시작된 인간의 비극은 살인과 전쟁, 미움과 폭력으로 이어졌고, 탐욕을 향한 끝없는 질주가 시작되었습니다. 죄로 인해 인간이 겪는 고통은 상상을 초월합니다. 이 죄의 문제를 해결하지 못한다면 우리는 영원히 고통의 짐에 짓눌려 살아가게 될 것입니다.

감사하게도 예수님은 죄의 문제를 완벽하게 해결해 주셨습니다. 이 예수님을 믿기만 하면 고통의 짐을 벗고 기쁨과 평안을 누리게 될 것이라 성경은 분명히 말하고 있습니다.

마포대교에 서 있던 그날, 그의 마음속에 이 예수님의 자리가 있었다면 그는 뛰어내리는 선택을 하지 않았을 것입니다. 그의 무거운 짐을 예수님께 내려놓을 수 있었더라면 그의 깊은 한숨은 소망의 기도와 기쁨의 노래로 바뀌었을 것입니다. 복음에는 그렇게 하는 충분한 능력이 있으니까요.

　지금도 교통사고 사망자 수보다 훨씬 더 많은 사람이 안타까운 선택을 하고 있습니다. 복음이 왜 필요하냐고요? 복음은 생명을 지키기 때문입니다. 복음이 우리에게 살아갈 힘을 줍니다. 지금도 복음이 도시 속에 필요한 이유입니다.

저도 이 사역을
해 보고 싶습니다

고민 듣기 사역이 SNS와 지인들의 입소문을 타고 알려지면서, 이 사역을 직접 보고 실행하기 위해 찾아오는 사역자들이 늘어났습니다. 지금까지 찾아오신 사역자만 대략 50여 명 되는 것 같습니다. 어떤 사역자는 직접 와 달라고 요청을 해서, 교회를 찾아가 의자와 파라솔 세트를 전달하고 성도들에게 사역을 소개한 일도 있습니다.

그러나 모두 일시적일 뿐 장기적인 사역으로 이어지는 경우는 없었습니다. 한두 번 시도하다 사람들이 오지 않자 그만두는 경우가 많았습니다. 저는 너무도 중요한 이 사역에 평생을 다짐

했지만, 대부분의 교회에서 일회성으로 끝나 버리는 모습을 보며 안타까웠습니다.

좀 더 구체적이고 체계적인 과정이 필요했습니다. 그래서 장기적인 동역자를 세우기 위해 함께 사역을 배우고 공유하는 계획을 세웠습니다. 단순히 사역을 한 번 소개하는 정도로 끝나는 것이 아니라 고민 듣기 사역의 철학과 동기, 방법론에 대해서 자세히 나누었습니다.

실제로 한 목사님과 8주 동안 교육을 하면서 서로 깊은 신뢰와 동역 의식이 생겼습니다. 8주 과정에서 마지막 2주간은 상담자와 내담자로서 역할을 나누어 가며 실습을 했습니다. 형식적인 상담이 아니라, 실제 개인적으로 요즘 고민하고 있는 내용을 서로 들어 주고 질문하며 함께 고민의 여정을 떠났습니다.

그 과정에서 알게 된 뜻밖의 사실은, 저뿐만 아니라 모든 사역자들이 한편으로는 상담이 필요한 사람들이라는 것이었습니다. 저의 고민은 곧 동일한 사역적 환경에 놓인 목사님들의 고민이기도 했습니다.

오랜 개척에 지쳐 이전과 다른 패배주의적인 모습에 스스로 낙담한 경우도 있었고, 성도를 섬기면서 받은 상처들로 괴로워하는 일도 있었으며, 사역자지만 가정에서 일어난 오랜 갈등으로 힘겨운 시간을 보내는 사례도 있었습니다. 목회자도 쉽게 상처받을 수 있고, 하나님의 위로뿐 아니라 동역자의 진심 어린 위로와 공감이 필요했습니다.

그렇게 교육을 통해 영적인 상황뿐 아니라 정서적인 어려움까지 서로 나누다 보니 사역자들과 깊은 유대감이 생길 수밖에 없었습니다. 사역을 위한 만남이었지만 우리 모두에게 주변의 동역자를 향한 진심 어린 공감과 격려가 부족하지 않았는지 돌아보면서 말입니다.

> 보라 형제가 연합하여 동거함이 어찌 그리 선하고 아름다운고(시 133:1).

하나님은 우리를 홀로 부르지 않으셨습니다. 우리는 죄성을 가진 존재이기 때문에 때로는 서로를 통해서 자신의 부족한 모습을 발견하고, 서로의 진심 어린 충고를 통해서 다시 하나님

앞에 온전해지기를 힘써야 합니다. 넘어질 때면 따뜻한 공감으로 서로를 위로하며 함께 일어서야 합니다.

처음 저 혼자 이 사역을 감당했을 때 마음의 어려움이 많았습니다. 교회를 섬기면서 아픈 아내와 장모님을 돌봐야 했고, 생계를 위해 자비량으로 일하는 버거운 일정을 감당해 내야 했습니다. 고민 듣기 사역을 시작한 지 4년이 넘어가면서부터는 많이 지치기도 했습니다. 그만큼 많은 에너지를 소진하는 일이었기 때문입니다. 그때 하나님은 위로의 손길을 보내 주셨습니다. 더 나아가 동역할 수 있는 사역자분들을 만나게 하셔서 사명을 이어가도록 도우셨습니다.

하나님은 넘어질 뻔한 저의 손을 잡아주시고, 외롭던 저의 마음을 위로해 주시며, 도움이 필요한 순간마다 딱 맞는 도움을 주는 동역자들을 보내 제가 결코 혼자가 아님을 알게 해 주셨습니다. 이제 우리가 그 역할을 누군가에게 해 주어야 할 때입니다. 그들이 혼자가 아님을 알려주기 위해 그들의 이야기를 들어주고 옆에 있어주는 일, 이 시대에 하나님이 우리에게 맡기신 사명입니다.

또 다른 파라솔

"이제 우리가 찾아나서야 합니다"

언론 매체에서 종종 1인 가구, 고독사, 소통의 단절과 같은 문제를 듣습니다. 이러한 주제를 더 큰 사회적 이슈로 만든 사건이 코로나19입니다. 코로나19로 인해 우리 사회는 더욱 대화가 없어지고, 사람이 '사람 냄새'를 맡지 못하게 되었습니다. 더욱이 팬데믹이 불러온 경제 공황은 사회적 고립과 단절을 부추기기도 했지요.

당시 저는 부목사 사역을 하고 있었는데 우리 교회에서도 많은 성도가 어려움을 겪고 있었고, 목회자들과의 상담이 지속해서 이루어지고 있었습니다. 그러나 성도들과의 상담은 뚜렷한 해결책이 있는 것도 아니었고, 교회가 어떤 역할을 감당할 수도 없는 상황이어서, 성도들은 그저 목회자에게 자신의 상황과 마음을 털어놓기 위해 상담을 하는 것이었습니다. 그러기에 어쩌면 상담이라는 단어보다 하소연을 들어 주고, 공감해 주는 친한 친구의 역할을 감당했다고 하는 것이 더 적절하겠네요. 물론 교회 안의 상황은 긍정적이지 않았습니다. 목회자에게 하소연하면서 신앙을 붙잡는 성도가 있는가 하면, 교회를 떠나는 성도들도 셀 수 없었으니까요. 많은 성도들이 '비대면 예배'라는 변화를 통해 교회 출입을 자제하거나 아예 교회로의 발길을 끊는 경우도 늘어갔습니다.

이러한 상황에서 교회가 할 수 있는 일이 무엇이 있을까… 모든 목회자의 고민이었지만 그럼에도 다수의 교회는 할 수 있는 일이 없는 것처럼 보였습니다. 교회에 출석하지 않는 성도들에게 전화를 거는 것도 한 주에 몇 번이나 가능할까요. 자주 할 수도 없는 노릇이니 참 교회가 힘든 시기였습니다.

매일 같이 뉴스에서는 암울한 소식이 전해지고 있을 때 문득, 하나님을 믿지 않는 사람들은 그들이 겪고 있는 고난과 아픔을 누구에게 하소연할 수 있을지 궁금해졌습니다. 그리고 이야기를 들어 주는 역할을 내가 할 수 있지 않을까 하는 생각이 들었습니다. 내가 잘하는 일, 지금 하고 있는 일, 바로 성도들의 이야기를 들어 주는 일을 교회 밖에서도 할 수 있을 것 같았습니다. 어쩌면 그 일이 교회가 사회에서 책임져야 할 역할일지 모른다고 말입니다.

이후 잠시 사역을 쉬는 시간을 갖게 되었을 때 다시 한번 이 생각을 떠올렸습니다. 아무것도 하지 않으니 왠지 직무 유기를 하는 것 같기도 하고, 나 혼자 휴양지에서 불구경을 하는 것 같은 느낌이 들었습니다. 뭐라도 해야겠다고 결정했을 때, 전 사역지에서 고민했던 것, 사람들의 이야기 들어 주기가 생각났습니다. 마침 평소 친분이 있던 동기 목사님들의 모임에서 바른미디어 대표이신 조믿음 목사님께 '파라솔 미니스트리'를 소개받았습니다. 같은 생각을 가진 목사님이 계신 것도 신기하고, 이렇게 우연히 소개를 받는 것도 놀라웠습니다. 하나님께서 이어 주신 만남이고, 사역이라는 생각에 감사함으로 목사님을 만났습니다. 그 만남에서 이 사역이 왜 필요한지, 어떻게 해야 하는지, 무엇을 조심하고, 무엇을 준비해야 하는지에 대한 많은 것을 배웠습니다. 그리고 정리해 보았습니다. 사람들 이야기를 들어 주는 것이 복음을 전하는 것과 어떤 연관이 있는지, 과연 이 일을 통해 복음이 전해질 수 있을지, 결국 하나님께서 기뻐하시는 일인지를요.

그렇게 저는 '파라솔 미니스트리'라는 이름을 빌려 이 일을 시작했습니다. 돈을 받는 것도 아니고, 그렇다고 사람들이 많이 와서 보람을 느낄 수 있는 일도 아니며, 더욱이 처음 본 사람이 자 다시 보지 않을 사람에게 복음을 전하는 일이 가능할지도 모르는 일이었지만 말입니다.

두세 달의 사전답사 끝에 사람들의 왕래가 많고 파라솔을 펼칠 수 있는 장소를 골랐습니다. 그리고 몇 가지, 물, 커피, 컵라면 등 필요한 것들은 함께 석사 공부를 하고 있는 동기 목사님들과 모교 학생들이 조금씩 후원해 주셨습니다. 여러 가지로 든든한 후원과 함께 파라솔을 펼쳤는데, 생각보다 사람들의 발걸음이 없었습니다. 생각보다 없는 것이 아니라 전혀 없었죠. 제 나이가 어려서 신뢰를 주지 못하는 것인지, 장소의 문제인지, 여러 가지 고민이 들었습니다. 그래서 적극적으로 사람들에게 어필을 해 보기로 했습니다. 지나가는 사람들에게 커피도 나눠 드리고, 나름대로 나를 소개하기도 하고, 신호등을 기다리는 사람들에게 얼음물을 나눠주기도 했습니다. 물론 결과는 소극적일 때와 크게 다르지 않았습니다. 적극적으로 무엇인가를 해도, 하지 않아도 사람들의 발걸음은 바뀌지 않았습니다.

석 달 정도 그렇게 아무도 들리지 않는 파라솔을 펼치고 있을 어느 날, 벌써 지쳐버렸는지 너무나도 힘겹게 나온 어느 날이었습니다. 어떤 중년의 여성분이 파라솔을 방문하셨습니다. 아직 미혼이고, 일을 불규칙적으로 하기 때문에 경제적으로 어려움을 겪고 있는 상황이었습니다. 놀랍게도 이분은 그때부터 약 4개월 정도 지속적으로 파라솔에 들리셨습니다. 처음에는 자신의 힘든 인생에 대해 하소연을 했고, 금전을 요구하기도 했습니다. 금전은 단호히 거절했는데, 거절하면서 다음 주부터는 그분이 오지 않으시리라 생각했습니다. 파라솔 방문 목적이 금전일 테니까요. 그런데 제 예측과 다르게 그분은 다음 주에도 파라솔에 방문하셨습니다. 그리고 저는 복음을 전하기로 결심했습니다. 금전 요구를 거부했는데도 다시 오셨다면 동기는 사람에 대한 외로움 때문일 거라고 생각했기 때문입니다. 그때가 방문 약 1개월 정도 지났을 무렵이었습니다.

나름대로 약 2주간 복음을 열심히 전했습니다. 최선을 다했고 보람도 느껴졌습니다(그런데 알고 보니 교회를 열심히는 아니어도 다녀 보신 분이더군요). 그런데 어느 날 그분이 저에게 하나님을 믿어도 사는 것이 힘들다며, 지금 당장 밀려 있는 대출은 어떻게 해결할 수 있냐는 이야기, 그래서 하나님께 기도하면 해결이 되냐는 이야기, 그게 아니라면 하나님을 믿는 것이 의미가 없다는 이야기를 하기 시작했습니다.

  복음에 대한 관심의 시작이자, 하나님에 대해 마음을 여는 순간이라고 생각했습니다. 한 3개월 정도 이 만남은 이렇게 지속되었습니다. 그리고 어느 날 다시 금전적인 도움을 요청하기 시작하면서 약 4개월간의 만남은 끝이 났습니다. 만남의 끝에는 이런저런 생각이 들었습니다. 혹시 잠깐이지만 내가 전했던 복음이 그분 마음 한 곳에 자리했을까? 하는 것이었습니다.

  그 뒤로도 몇 분이 파라솔에 들리셨습니다. 정신이 온전치 못한 분, 라면을 먹으려고 들리신 분, 술에 취하신 것인지 약에 취하신 것인지 알 수 없는 분들… 그렇게 1년 정도 파라솔을 펼쳤습니다.

  방법에 대해서는 이런저런 아쉬움도 있지만, 저는 파라솔이 계속 펼쳐져야 한다고 생각합니다. 효과의 유무를 떠나 아직 교회 밖에는 외로움에 빠져 다른 이의 온기가 필요한 사람들이 많기 때문입니다. 그들에게 복음이 필요하지만 사람들이 스스로 교회를 찾아오기란 어려운 일입니다. 우리가 복음을 전해야 함에도 교회 안에서 마냥 기다리는 것은 매우 수동적인 일입니다. 그렇게 기다리다가 전도의 타이밍을 놓쳐 버릴 수도 있습니다. 이제 우리가 찾아 나서야 합니다. 선교적 교회, 그것이 앞으로 우리 교회가 나아가야 할 방향이며, 그 속에 '파라솔 미니스트리' 사역이 귀하게 쓰임받기를 소망합니다.

성서선교회 이기훈 목사

맺음말

선교하기 좋은 때가 있을까요?

일반적인 교회 목회는 정한 기한이 있습니다. 나이가 들고 기력이 약해지면 은퇴해야 합니다. 그런데 요즘은 70세에 은퇴를 해도 여전히 정정하게 사역할 수 있는 힘과 지혜를 가진 사역자들이 많습니다. 은퇴 후 사역자가 교회에서 맡은 사역 없이 어떤 사명을 감당할 수 있을까요? 은퇴 이후 목사님들에게 큰 숙제가 아닐 수 없습니다. 여건이 되는 교회는 은퇴 목사님이 사역을 이어 가실 수 있게 복지센터나 훈련센터를 제공하지만, 현실적으로는 많은 교회들이 재정적인 이유로 이런 사역의 장을 마련해 주기가 어렵습니다.

저는 고민 듣기 사역을 목적으로 한, 교회와는 별도의 '파라솔 미니스트리'를 운영하고 있습니다. '파라솔 미니스트리'는 상담을 전문으로 하는 도시 선교 단체입니다. 도시 선교는 제 개인적인 소명이였습니다. 교회가 도시 선교에 대해 모범을 보여야 한다고 생각해 직접 거리에 나가 사역을 하게 되었습니다. 물론, 교회 사역에 바쁜 일정이 생기면 선교 사역 비중이 약해질 때도 있습니다. 하지만 교회의 중요한 본질 중 하나인 선교는 목회자가 몸소 실천해야 하는 일입니다.

이것은 목양적 차원을 떠나 목사 개인의 경건을 위해서도 너무나 중요합니다. 교회 안에만 있다 보면 불신자들과 매일 부딪히는 성도의 삶에 대해 모릅니다. 목사도 불신자를 만나 가장 기초적인 복음부터 전할 수 있어야 영적인 건강이 유지됩니다. 하나님 앞에서 경건과 사명을 다시 한번 확인해 보는 계기가 되는 것입니다.

그러니 꼭 고민 듣기 사역이 아니더라도, 다른 전략과 방법으로라도 꼭 선교적인 사명을 감당하면 좋겠다는 생각을 해 봅니다. 중요한 것은 그리스도인으로서 증인의 삶을 사는 것입니다. 목회자든, 장로든, 권사든, 집사든 직분에 관계없이, 나이에 관계없이 복음의 증인으로 사는 삶은 평생 감당해야 할 우리의 사명입니다.

너는 말씀을 전파하라 때를 얻든지 못 얻든지 항상 힘쓰라(딤후 4:2).

 선교하기 좋은 때가 있을까요? 경제적으로 안정되었을 때 선교를 시작해야 할까요? 아니면 삶의 위기가 사라졌을 때 시작해야 할까요? 그런 때는 없습니다. 성경은 때를 얻든지 못 얻든지 말씀을 전파하는 일에 항상 힘쓰라고 말합니다.
 나의 형편과 상관없이 지금도 말씀이 없어 죽어 가는 사람들이 얼마나 많은지 모릅니다. 복음의 진리를 듣지 못해서 하나님의 진노와 심판 아래 놓인 사람들이 죄 아래 신음하고 있습니다. 그러므로 우리의 형편에 따라서 복음을 증거하고 하나님 사랑을 실천하며 선교하는 때를 정할 수는 없습니다.
 고민 듣기 사역을 하며 경험하는 사실 중 하나는, 우리의 형편이 사명에 따라서 달라진다는 것입니다. 우리는 개인적인 형편에 따라서 사명을 결정할 때가 많지만, 진정으로 하나님을 사랑한다는 고백으로 산다면 하나님은 우리의 형편을 바꾸어 가십니다. 구하지 않은 기도 제목까지 응답해 주시는 경험을 하게 됩니다.
 이것을 가정이나 일을 소홀히 해도 된다는 의미로 해석하지 않기를 바랍니다. "누구든지 일하기 싫어하거든 먹지도 말게 하라"(살후 3:10)는 말씀처럼, 우리에게 주어진 삶의 조건들에 대해서도 최선을 다해야 합니다. 다만 우선순위를 하나님께 두고 복음 전파에 힘쓸 때 하나님이 어떻게 일하시는지를 더욱 분명하게 알게 된다는 의미입니다.

저는 그런 일들을 자주 경험합니다. 내일이 주일인데 건물에서 쫓겨나 예배드릴 장소가 없었을 때, 갑자기 상담소를 방문하신 전도사님을 통해 예배 장소를 얻게 되는 경우입니다.

우리가 개인적 삶에만 관심을 갖고 있으면 하나님이 지금 나의 형편을 통해서 어떻게 일하시는지를 보기 어렵습니다. 하나님이 일하시더라도 잘 깨닫지 못합니다. 그러나 하나님께 우선순위를 둔다면, 하나님이 말씀과 기도를 통해서 섬세하게 인도하시고 응답하시는 과정을 생생하게 경험할 것입니다. 사역자를 포함한 더 많은 그리스도인들이 이 은혜를 누릴 수 있기를 소망해 봅니다.

부록

**파라솔처치의 고민 듣기
사역에 대한 Q&A**

1. 파라솔처치에 관하여

Q. 안녕하세요 목사님, 책을 읽고 나니 파라솔처치와 목사님에 관해 더 궁금증이 생깁니다. 목사님께 고민 상담을 받고 싶기도 하고요^^ 사역은 주로 어디서 진행하셨나요?

경기도 성남시 야탑역 주변과 경기도 고양시 화정역에서 거리 상담을 했습니다. 처음에는 야탑역에서 하다가 이사를 하고 나서 화정역으로 옮겼습니다. 특별히 야탑역에 자리를 잡은 이유는 주말에 사람들이 가장 많이 모이는 곳이었기 때문입니다. 아무래도 사역의 대상이 마음이 아픈 분들이기 때문에 확률적으로 사람들이 많은 곳에 가야 그분들을 만날 수 있겠다는 생각이 들었습니다.

Q. 초등학생부터 어르신까지 참 다양한 사람들이 찾아오시던데, 상담하러 오시는 분들은 어떤 분들인가요?

아이부터 80세 어르신에 이르기까지 모든 연령대가 찾아오시지만, 그 중에서도 삶의 짐이 무거운 40대에서 60대가 주를 이룹니다. 남성보다는 여성들이 더 많은 편인데, 낯선 남자가 앉아 있는데도 다가오는 이유는 사실 단순해요. 마음의 고통이 너무 심할 때는 누구라도 붙들고 이야기를 나누고 싶잖아요. 그래서 어느 정도의 경계심은 갖더라도 상담자인 저의 성별이나 직업에 대해서 크게 신경을 쓰시는 것 같지 않습니다.

Q. 방문하는 분들의 고민 내용은 어떤 것들이 있나요?

연령이나 환경에 따라 다른데, 초중고 학생들의 상담 주제는 대부분 이성교제나 성에 관한 문제입니다. 특히 중학생은 남학생들이 주로 오는데, 성관계에 관한 고민이 많아요. 이 경우 일반 상담과 다르게 접근합니다. 먼저 아이들에게 성에 대한 기본 지식을 전달해 주고 성에 관심을 가지게 되는 이유, 즉 사춘기의 감정 발달에 대해 설명해 줍니다. 사랑이라는 감정이 다른 감정에 비해 가장 늦게 발달되거든요. 그러고 나서 바른 성지식을 가질 수 있게 도와줍니다.

청년과 30대는 아무래도 취업과 결혼, 직장 내 갈등, 가정 폭력의 고민들을 가지고 있어요. 40대 이상은 경제적인 문제, 부부 갈등, 자살에 관한 고민이 많습니다. 학생들을 제외하고, 청년 이상의 경우는 본인이 고민하는 주제에 대해 제가 설명하거나 개입하는 것을 가급적 자제합니다. 왜냐하면 고민을 이야기하는 사람들 대부분은 자신이 무엇을 해야 할지 이미 알고 있거든요. 정답은 알지만, 단지 실행할 의지와 힘이 없는 경우가 많죠. 그때는 그동안 살아온 인생을 지지해 주면서 스스로 찾은 답에 대해 의지와 힘을 가질 수 있게 도와주면 됩니다.

Q. 사역을 하다 보면 다양한 어려움이 있을 텐데 혹시 사역을 방해하는 사람은 없었나요?

딱 한 사람 기억나는데, 만취한 노숙인 한 명이 들어오자마자 시비를 걸어온 적이 있습니다. 일단 술을 먹으면 상담을 할 수 없기 때문에 정중하게 보내려 했는데 너무 완고하더라고요. 저는 화장실을 핑계로 자리를 잠시 피했고, 다녀오니 의자와 파라솔이 거리에 나뒹굴고 있었습니다. 아마도 그 노숙인이 난동을 부리고 간 것 같았습니다. 이처럼 특별한 경우를 제외하고 다행히 방해하는 사람은 없었습니다.

Q. 거리 상담을 할 때 어떤 준비물을 챙기시나요?

간단히 의자 두 개와 "고민을 듣습니다"라는 엑스배너를 챙깁니다. 음료나 간식을 준비하는 것도 좋지만, 음료와 간식이 테이블 위에 놓여 있으면 노숙인이 달라고 요청하는 경우가 가끔 생겨요. 그래서 음료나 간식은 보이지 않게 가방에 넣어 두고 실제로 들어오는 방문자 분들에게 내드리고는 했습니다.

2. 잘 듣는 사람이 되는 것에 관하여

Q. 혹시 고민을 털어놓으러 왔지만 막상 말을 안 하는 경우는 없었나요?

지금까지 150여 분과 상담을 해 봤지만 그 중에 말을 안 하는 방문자는 없었습니다. 모두가 마음에 큰 짐을 지고 있기 때문에, 조금 기다리면 거의 대부분 이야기를 시작합니다. 방문하신 분이 너무 말이 없다면 어떤 문제로 오셨는지, 어떤 고민이 있는지 먼저 물어봐도 좋습니다. 상대가 들을 준비가 되어 있다고 생각되면 더 편하게 이야기를 할 수 있거든요. 보통 20분에서 길게는 2시간까지 이야기를 나누는데, 가능하면 1시간 안에 마무리하는 것이 좋습니다.

Q. 왜 1시간 안에 마무리하는 게 좋은가요?

정해진 시간은 없지만, 일반적으로 상담의 세계에서 정서 문제는 1시간을 적정 시간으로 잡습니다. 이어지는 내용은 다음에 날짜와 시간을 잡고 1시간 정도 다시 이야기하는 것이 좋아요. 2시간 넘게 이야기를 들어 주는 일은 결코 쉽지 않거든요. 특히 상대의 이야기가 고통스럽고 어두운 기억이라면 듣는 사람도 간접적으로 자극을 받고 마음에 충격이 되거든요. 그래서 가능한 한 대화는 1시간 안에 끝내고 다음에 다시 이야기를 나누자고 부드럽게 권하는 것이 필요합니다.

Q. 요즘 사람들은 소통에 관심이 많습니다. 대화를 잘 하려면 경청이 중요한 것 같은데 어떻게 하면 경청을 잘 할 수 있나요?

구체적인 기술을 소개해 볼게요. 대화할 때 사용할 수 있는 세 가지 방법입니다.

첫째, 말꼬리 어법입니다. 상대가 표현하는 말을 잘 기억하고 따라 하는 것입니다. 사람은 자신이 쓰는 단어를 상대방이 함께 쓸 때 동질감을 느낍니다. 마치 자신이 좋아하는 취미와 음식을 공유하며 즐거워하는 것과 같습니다.

예를 들어, 누군가 "직장 상사 때문에 너무 힘들어요"라고 이야기한다면, 상대가 썼던 어휘를 그대로 따라서 "아, 직장 문제로 힘드시군요."라고 말해 주는 것입니다. 이것은 상담자에게도 중요합니다. 상담 중에 내담자의 어휘를 계속해서 익히고 학습할 때 내담자에 대한 이해를 높일 수 있기 때문입니다.

때로 어떤 어휘의 경우 듣는 이와 말하는 이의 이해가 조금 다를 수 있습니다. 내담자가 사용하는 어휘가 상담자가 생각하는 의미와 다른 경우도 종종 있습니다. 상대방이 쓰는 어휘 배경을 이해하고 공부하는 마음으로 따라 한다면 상대방의 고민에 훨씬 더 깊이 접근할 수 있습니다.

둘째, 음오아예 어법입니다. '음오아예'라는 말은 마마무라는 가수의 노래 제목이기도 하죠^^ 대화하는 상대방의 마음을 열어주는 신비한 단어들이 있습니다. 공감하고 있다는 뜻의 음성어입니다. 남자와 여자의 대화를 가만히 들어 보면, 여성의 대화에 많이 나오기도 합니다. 예를 들어서, "남편하고 싸웠는데 너무 화 나"라고 하면 주변 친구들이 하나같이 "어머 너무 화났겠다", "에구!" 등과 같이 음성어로 공감을 합니다. 좋은 일에 대해서 말하더라도 "너무 좋았겠다", "어머나", "그랬어?" 등 공감하는 추임새를 많이 사용합니다. 공감의 음성어들은 '너의 이야기를 들으니 나도 같은 마음이야'라는 메시지를 줍니다.

상담할 때 공감의 추임새를 사용할 경우 내담자에게 편한 마음을 줄 수 있습니다. "아, 그랬군요", "아이고, 많이 힘드셨겠어요", "이런, 그래서 어떻게 하셨어요?", "음, 그러셨군요" 등의 공감의 말은 상대가 자신의 문제에 더욱 집중할 수 있게 만들어 줍니다.

상대방의 말에 어떻게 반응해야 할지 잘 모르겠다면 일단 공감의 추임새 '음오아예'를 잘 기억해 보세요.

셋째, 몸의 자세입니다. 대화하는 태도가 상대방에게 주는 메시지가 있습니다. 바른 자세로 상대의 눈을 응시하면서 두 손을 모으고 듣는 태도와 비스듬히 앉아서 눈을 마주치지 않고 다른 곳을 바라보는 태도는 큰 차이가 있습니다. 상대방이 볼 때 이 사람이 나에게 집중하고 있다는 메시지는 태도로 드러납니다.

가능하면 상대방의 정면을 향해 앉는 것이 좋습니다. 몸이 정면으로 향해야 눈과 귀도 집중할 수 있습니다. 눈은 정면으로 바라보되, 산만하게 다른 곳에 시선이 가지 않도록 주의해야 합니다. 상대방만 본다는 마음으로 집중하는 것이죠. 이런 태도는 상대에게 지금 온전히 집중하고 있다는 메시지를 전달합니다. 당신이 어떤 말을 하더라도 집중해서 이야기를 듣고 지지하겠습니다, 라는 표현이 됩니다. 상담뿐 아니라 가정에서 부부나 아이와의 대화에서도 이런 태도는 매우 중요합니다.

만약 조금이라도 다른 생각을 한다고 여겨지는 순간, 상대방은 이야기하는 힘이 빠질 수 있습니다. 몸의 태도는 경청을 위한 중요한 첫 준비라고 할 수 있겠네요.

Q. 역시 경청을 잘 하는 게 쉬운 일은 아니네요. 경청과 더불어 의사소통을 원활히 하고 대화를 잘하는 방법은 뭐가 있을까요?

대화를 잘하기 위해서는 상대가 던지는 첫 번째 주제에 집중해야 합니다. 예를 들어 고민 상담의 경우, 고민만 쭉 나열하다 보면 마음은 후련해지겠지만 문제에 대한 방향과 목적을 찾기 어려울 수 있습니다. 특히 1-2회로 짧게 끝나 버리는 거리 상담의 경우, 방문자가 가지고 온 주제에 집중할 필요가 있습니다. 이야기를 하던 중 관련 없는 주제로 넘어간다면 깊이 있는 대화가 어려우니까요.

만약 상대방의 이야기 주제가 취업 문제라면, 취업과 관련된 내용으로 다시 이어갈 수 있도록 중간에 질문을 던지는 것이 좋습니다. 취업 이야기를 하다가 부모님과의 관계 문제로 화제가 전환될 수도 있겠죠? 그렇다면 그 문제가 취업과 관련된 경우를 제외하고는, 취업 관련 사건이나 심경, 준비 과정 등 취업과 관련된 질문을 던지면서 이야기를 마저 이어 가도록 해야 합니다. 그러면 그 사람이 취업하기 어려웠던 근본적인 이유, 예를 들어 대인공포증이나 의지 부족이나 미래에 대한 불안 등 문제의 원인을 찾을 수 있습니다.

짧은 상담이라 하더라도, 문제 상황과 원인을 함께 발견한다면 당사자가 스스로 근본적인 문제를 바라보게 되는 좋은 기회를 제공할 수 있겠죠. 좋은 상담은 문제 상황에 대한 자기 탐색과 해석, 통찰을 갖게 만들고 새로운 의지와 힘을 부여해 줍니다.

Q. 그렇다면 반대로 상담이나 대화 중에 조심해야 할 태도는 무엇인가요?

가장 중요한 태도는 '모른다'는 자세입니다. 무지하다는 뜻이 아니라, 상대의 이야기에 대해서 나는 일단 모른다는 자세를 의미합니다. 상대가 고민하는 내용에 담긴 정서와 상처들을 쉽게 판단하거나 추측해서 결론을 지으려고 해서는 안되기 때문인데요. 충분히 듣고 이해한 후에 상대가 스스로 자신의 문제에 대해 결론을 내리도록 도와주는 역할이 상담자가 해야 할 일입니다. 옆에서 지지하고 격려해서 상대가 답을 찾아갈 수 있도록 안내하는 것이에요. 상대에 대한 결론이나 평가나 개입은 가능한 한 하지 않도록 조심해야 합니다.

설령 상대가 어떻게 해야 할지 답을 달라고 하더라도, 듣는 이는 오히려 상대에게 어떻게 하기를 원하는지 물어보는 편이 좋습니다. 본인이 스스로 평가하고 내린 결론과 답은 실행하기가 훨씬 더 쉽거든요. 아무리 상담을 잘해 준다고 하더라도 다른 사람이 내린 답에 대해서 쉽게 수긍하거나 이해하기에는 시간이 많이 걸립니다.

가장 중요한 태도는 잘 듣고, 상대가 했던 이야기를 본인 스스로 평가하고 결론을 내리게 하되, 의지를 가지도록 지지하고 돕는 것입니다. 특별한 경우, 예를 들어 정서적 상황에 대해서 해석해 줄 필요가 있을 때는 개입할 수 있지만 대화의 주도권은 말을 하는 상대방이 가지도록 도와야 합니다.

Q. 힘든 시기를 겪는 친구와 대화를 하고 나면, 별로 도움이 되지 못했다는 생각에 안타까울 때가 종종 있어요. 대화로 실질적인 도움을 주려면 어떻게 해야 하나요?

좀 더 실질적인 도움을 주고 싶다면 그들의 이야기 속으로 함께 들어가는 것이 좋습니다. 즉, 상대방이 이야기의 사건들을 재구성할 수 있도록 돕는 거예요. 먼저 상대의 이야기를 바탕으로 육하원칙에 따라 세부적인 질문들을 이어가 보세요.

예를 들어, 여러분의 친구가 자신의 남자 친구와 싸운 이야기를 가지고 여러분과 대화를 한다면, 여러분은 친구에게 언제 싸웠고, 얼마나 싸웠는지, 왜 싸웠는지, 어떻게 싸웠는지 등에 대해서 상세하게 물어볼 수 있습니다. 이 과정을 통해 친구는 사건에서 보지 못했던 사실까지 볼 수 있고 스스로 의미를 부여할 수 있게 됩니다.

여러분은 친구의 이야기 속으로 들어가 감독처럼 구체적으로 코치하고 확인해 주는 것입니다. 다소 전문적인 영역이지만 이런 재구성을 통해서 친구는 스스로 자신의 이야기를 다시 써 내려갈 수 있습니다. 즉 다시 말하기를 통해서 평가와 의미 부여, 해석 등을 다른 방향에서 할 수 있습니다. 다시 말하기는 결국 본인과는 다른 의지와 신념까지도 만들어 낼 수 있는 중요한 과정인 거죠.

Q. 왜 상대방의 문제에 답을 주면 안 되는 건가요?

상담을 하다 보면 거의 대부분 본인의 이야기 속에 답이 들어 있습니다. 예를 들어, 상대방이 남편의 무능에 대해서 이야기했다면, 중간에 반드시 남편의 긍정적인 면에 대해서 한 번쯤은 말하게 되어 있습니다. 그리고 상대방은 바른 부부 관계나 이상적인 모습에 대한 그림도 분명히 가지고 있습니다. 대화 전부터 상대방이 이 문제에 대해 수많은 고민을 해 왔기 때문이에요. 문제 해결을 위한 다양한 선택의 고민도 이미 했을 가능성이 높습니다.

대화를 하는 사람은 이것을 전제로 상담하는 것이 좋습니다. 앞서 말한 것처럼 최종 결론을 상대가 내릴 수 있도록 도와야 스스로 내린 결론을 실행할 가능성도 높으니까요. 남이 제시해 주는 결론은 아무리 좋더라도 충분히 이해하고 동의하기에는 시간이 걸릴 수 있습니다.

Q. 하지만 가끔은 상대방이 정말 나쁜 생각과 결론을 내려고 하는 것 같아서 가르쳐주고 싶을 때도 있는데요. 그럴 때도 상대의 문제에 대해서 윤리적인 판단을 내리면 안되는 건가요?

우리는 상대방의 윤리 선생님이 아니기 때문에 문제에 대한 도덕적이고 윤리적인 판단은 하지 않아야 합니다. 윤리적 평가는 상대방 스스로 이미 양심이라는 기능을 통해서 작동됩니다. 따라서 굳이 상담자가 상대의 양심적 평가자가 될 필요는 없습니다. 잘못하면 상대가 더 이상 이야기를 이어 가지 못하도록 막을 수도 있어요.

상담자의 중요한 역할은 말하는 사람이 어떤 문제와 고민을 이야기하든 지지하고 격려해 주는 것입니다. 말하는 이는 자신이 상대방에게 지지와 격려를 받고 있다고 생각할 때 마음의 문이 활짝 열리고, 자신도 보지 못한 사실을 볼 수 있는 통찰과 힘을 얻거든요. "그럴 수 있습니다", "아마 저라도 그랬을 것 같아요"라는 말은 어두운 과거의 문을 열어 볼 수 있는 자신감을 불어넣어 줍니다.

어두운 과거의 문을 열면, 고통스러운 감정이 재경험될 수도 있고 당시와 동일한 충격에 휩싸일 수도 있습니다. 그때 듣는 이가 그 감정을 최대한 지지해 준다면 상대방은 위로와 힘을 얻게 됩니다.

반대로 만약 과거 사건에 받은 충격과 공포를 비난한다면, 상대방은 돌이킬 수 없는 깊은 상처를 받게 되겠죠. 상대에 대한 지지와 믿음만으로도 힘을 줄 수 있다는 사실을 기억하면 상대방의 회복에 도움을 줄 수 있습니다.

Q. 설명만 들어도 위로가 되는 느낌이네요. 그런데 한편으로는 '인간적인' 상담만으로 고민이 해결되나?라는 물음도 있습니다.

기독교 안에서 상담을 비성경적으로 보는 시각이 있습니다. 하나님을 의지하지 않고 인간적인 학문에 의지해서 사람의 문제를 해결하려는 의도를 부정하기 때문입니다. 그러나 여기서 말하는 상담은 철저하게 하나님 중심적인 상담을 의미합니다.

처음 대화를 시작하면서 이야기를 이끌어 가는 기술은 사람의 노력을 필요로 합니다. 하지만 핵심적인 본질에 도달했을 때 인간적인 방법으로는 한계가 있기 때문에 결국 하나님께 그 문제를 맡겨 드려야 합니다.

또 모든 인간의 고민은 죄성에서 시작되었기 때문에, 오직 하나님 안에서만 해결이 가능합니다. 탁월한 상담으로 고민이 해결되었다 하더라도 문제는 다시 찾아오게 마련이고, 죄성으로 인해 왜곡된 현실 인식은 언제나 우리를 위협하고 시험에 들게 합니다. 그래서 상담자는 모든 상담 과정뿐만 아니라 궁극적인 해결 또한 철저하게 하나님을 의지하고 기도함으로써 내담자를 도와야 합니다.

거리 상담은 단지 이야기를 듣는 데서 끝나는 것이 아니라, 내담자가 하나님을 만나 스스로 죄성을 깨닫고 부르심을 받아 믿음의 선물로 하나님 앞에 온전하게 되도록 하는 것이 최종 목표입니다. 이 모든 과정 또한 하나님의 인도로 이루어진다는 사실을 잊지 말아야겠죠. 우리에게 최고의 상담가는 하나님이십니다.

3. 더 깊은 상담에 관하여

Q. 상담도 상담자가 누구냐에 따라 아주 다른 상담이 되기도 한다고 들었습니다. 목사님은 어떻게 상담을 하시나요?

상담 사역을 생각할 때, 상담을 위한 전문적인 훈련을 받으면 좋겠지만, 그렇다고 반드시 전문적인 상담 기술이 필요한 것은 아닙니다. 대부분 자신의 문제를 들어줄 사람을 찾다가 오시기 때문에 상대방의 문제를 잘 경청하고 반응을 잘해 주는 것만 해도 큰 힘이 있습니다.

저의 경우 거리 상담은 내담자가 지속적으로 방문하는 경우가 드물기 때문에 일회성 상담으로 끝날 때가 많습니다. 그래서 일반적인 대화에 가까울 때가 많은데, 저는 가능하면 대화를 매끄럽게 이어 가기 위한 경청하는 법과 이야기를 이끌어 가는 기초적인 방법을 중요하게 생각합니다. 꼭 상담이 아니더라도 우리가 평소 대화할 때 적용해서 활용할 수 있는 부분이죠.

Q. 그렇다면 목사님이 생각하시는 '상담자에게 가장 필요한 자질'은 무엇인가요?

아무리 강조해도 지나치지 않는 경청하는 자세입니다. 상담은 잘 듣는 것에서 시작합니다. 상담자가 잘 들어 준다는 신뢰를 가질 때 상대는 마음속 느낌이나 생각을 충분히 담아 자기 이야기를 꺼낼 수 있습니다. 이야기의 대부분이 누구에게 쉽게 말할 수 없는 내용이기 때문에 더 그렇죠. 조심스럽게 말을 꺼냈는데 상담자가 무표정하거나 별 반응을 보이지 않는다면 이야기를 계속해도 될지 두려움을 갖게 될 수 있습니다. 그래서 상대방이 편안한 마음을 갖도록 하는 데 있어 상담자의 경청 자세는 결정적입니다.

Q. 예측 불가능한 거리 상담을 진행하는 목사님께 가장 필요한 도움은 무엇인가요?

가장 중요한 도움은 기도입니다. 그래서 교회의 사역자와 동역자들에게 중보 기도를 요청합니다. 이 사역은 선교이기 때문에 방문하신 분이 마음을 열고 복음을 받아들이는 것이 최종 목적이에요. 상담 과정을 통해서 마음의 힘을 얻을 수는 있지만, 궁극적인 해결은 하나님 안에 있습니다. 따라서 방문하신 분과 하나님과의 관계 회복에 최종적인 목적을 두고 기도해야 합니다. 특히 이 사역은 복음 전도의 최전선이기 때문에 방해나 어려움들이 종종 찾아옵니다. 시험을 주는 일들도 생기기 때문에 중보 기도 요청은 필수이고 그 기도가 가장 큰 힘이 되고는 합니다.

Q. 상담하는 내용을 기록하는 편이신가요?

되도록 기록하려고 해요. 모든 대화 내용을 수기로 기록하거나 상대의 동의를 얻어 녹취를 해 두면 좋습니다. 두 가지 이유 때문입니다.

첫째는, 혹시 있을지 모를 사고에 대비하기 위해서입니다. 상담 후, 내담자가 상담자에게 피해를 당했다고 거짓으로 신고를 할 수도 있습니다. 다행히 지금까지 상담하면서 이런 일은 발생하지 않았는데요. 공개된 장소이고 많은 사람이 오가는 광장에서 주로 하다 보니 나쁜 의도로 오는 사람들을 만나지는 않았습니다. 하지만 혹시 모를 위험에 대비해서 가능한 자료를 남겨 두려고 합니다.

그래서 상담할 때 메모할 수 있는 노트를 준비합니다. 메모할 때는 날짜와 요일, 방문자에 대한 정보를 가급적이면 상세히 기록해 둡니다. 가능하다면 허락을 구해서 녹취하는 것이 좋습니다. 녹취를 한다는 것 자체가 상대의 나쁜 의도를 미리 막는 장치가 되기 때문이에요. 녹취는 반드시 상대방의 동의를 구해야 합니다.

둘째는, 더 효과적인 상담을 위한 공부를 위해서입니다. 상담 공부를 할 때는 상담 내용을 모두 기록해요. 상담 내용을 짧게 요약한 후 대화의 흐름과 방향을 다시 한번 체크하면서 좋은 질문과 나쁜 질문, 대답의 방향이 내담자의 문제 해결 쪽으로 가고 있는지 등을 확인할 수 있거든요. 이렇게 스스로 피드백을 하다 보면 더 좋은 상담을 할 수 있게 됩니다.

Q. 혹시 상담을 중지하고 돌려보내야 했던 경우도 있으셨나요?

네, 있었습니다. 만취한 경우와 정신 질환을 앓고 있는 경우였는데요. 두 가지 경우에 돌려보내야 하는 이유는, 일단 만취한 경우 대화가 불가능하기 때문에 좋은 말로 타일러서 보내야만 합니다. 상담이 어렵다는 말을 할 때는 가능한 자리에서 일어나 먼저 입구에 서서 이야기하는 것이 좋고, 그래도 안 되면 상담 사역을 빨리 종료해도 좋습니다.

만취한 분들은 충동적이기 때문에 불필요한 마찰이나 몸싸움이 일어나기도 하거든요. 가끔 행패를 부리는 경우가 있는데, 이때는 상담자 자신을 보호하기 위해서라도 빨리 경찰에 신고해 신변 보호를 받는 것이 좋습니다.

둘째, 정신 질환을 앓고 있는 경우는 내담자가 상담소에 들어올 때 미리 자신에 대한 정보를 밝히곤 하십니다. 특히 정신과 진료 경험이 있는 분들은 대부분 들어와서 자신의 병명이나 진료 경험을 이야기하십니다. 그럴 때 병명이 무엇인지, 약물을 처방받고 있는지 질문한 후 가능하면 정신과에서 전문적인 도움을 계속 받도록 안내하는 것이 좋습니다.

혹여 중증 환자를 상담이나 기도로 도울 수 있다고 생각한 나머지 많은 시간을 할애해 책임지지 못할 약속을 하게 되면 내담자에게 또 다른 문제를 발생시킬 수 있으므로 유의해야 합니다. 혹시 내담자가 극단적인 행동이나 결정을 할 경우 상담자에게 심각한 책임이 전가될 수 있습니다. 그러므로 정신과 진료를 받고 있는 사람들은 정중하게 돌려보내는 것이 좋습니다.

Q. 상담한 내용을 다른 모임에서 발표하거나 공개해도 되나요?

내담자의 정보와 함께 상담 내용을 공개적인 글이나 장소에서 발표하거나 학술적으로 사용하면 개인 정보를 침해하는 잘못을 범할 수 있습니다. 개인 정보는 철저하게 비공개로 인용하거나 사용해야 합니다. 사용하는 내용이나 범위도 최대한 요약해야 합니다. 만약에 사용할 경우, 개인적 신상이나 정보를 철저하게 모두 비공개로 처리하고 내용도 구체적인 실제 진술보다 요약한 형태로 만들어야 합니다.

Q. 방문하신 분과 지속적인 관계를 맺고 교제를 나누어도 되나요?

상대가 동의하고 상담이 필요하다고 요청한다면 충분히 가능합니다. 그러나 상담자가 강요하거나 직접 전화를 해서 내담자를 만나는 일은 피해야 합니다. 혹시 내담자가 정서적인 문제로 사고를 당할 경우 상담자에게 책임이 전가될 수 있기 때문이에요. 하지만 내담자가 스스로 결정하고 찾아올 때 상담자는 도움을 주는 방식으로 교제를 이어 가는 것은 괜찮습니다.

더 나아가서 신앙적인 이야기나 기도 역시 내담자의 동의를 구하고 진행해야 합니다. 거리에서 서로에 대한 정보가 전혀 없는 가운데 이루어지는 사역이기 때문에 내담자의 동의는 필수입니다. 내담자가 기독교에 대한 호감으로 정기적으로 찾아오는 경우, 선교를 위한 좋은 기회가 될 수 있습니다. 저는 두 번째 상담부터 내담자에게 동의를 구한 후에 성경 이야기를 해 주었습니다. 두 번째, 세 번째 만남을 통해 서로 간에 신뢰가 좀 더 쌓일수록 성경 이야기나 신앙 간증이 더 효과적으로 전달될 수 있습니다.

사명선언문

너희가 흠이 없고 순전하여……세상에서 그들 가운데 빛들로
나타내며 생명의 말씀을 밝혀 _ 빌 2:15-16

1. 생명을 담겠습니다
만드는 책에 주님 주신 생명을 담겠습니다.
그 책으로 복음을 선포하겠습니다.

2. 말씀을 밝히겠습니다
생명의 근본은 말씀입니다.
말씀을 밝혀 성도와 교회의 성장을 돕겠습니다.

3. 빛이 되겠습니다
시대와 영혼의 어두움을 밝혀 주님 앞으로 이끄는
빛이 되는 책을 만들겠습니다.

4. 순전히 행하겠습니다
책을 만들고 전하는 일과 경영하는 일에 부끄러움이 없는
정직함으로 행하겠습니다.

5. 끝까지 전파하겠습니다
모든 사람에게, 땅 끝까지, 주님 오시는 그날까지
복음을 전하는 사명을 다하겠습니다.

서점 안내

광화문점 서울시 종로구 새문안로 69 구세군회관 1층
02)737-2288 / 02)737-4623(F)

강남점 서울시 서초구 신반포로 177 반포쇼핑타운 3동 2층
02)595-1211 / 02)595-3549(F)

구로점 서울시 동작구 시흥대로 602, 3층 302호
02)858-8744 / 02)838-0653(F)

노원점 서울시 노원구 동일로 1366 삼봉빌딩 지하 1층
02)938-7979 / 02)3391-6169(F)

일산점 경기도 고양시 일산서구 중앙로 1391 레이크타운 지하 1층
031)916-8787 / 031)916-8788(F)

의정부점 경기도 의정부시 청사로47번길 12 성산타워 3층
031)845-0600 / 031)852-6930(F)

인터넷서점 www.lifebook.co.kr